SUR LES CHEMINS

D'ALDEBARAN

Tome 3

Joseph Santa-Croce

Il faut d'innombrables pierres pour édifier une muraille…

Pourquoi Aldébaran 3 ?

Un premier tome présentait des articles littéraires et culturels ;

Un second volume se concentrait sur trois pays du Proche-Orient bien connus de l'auteur : l'Algérie, l'Egypte et l'Iran ;

Voici un troisième recueil des articles avec lesquels l'auteur, pendant plus de cinquante ans, a souhaité décrypter et éclairer la politique internationale – il traite du Moyen-Orient, mais s'intéresse à de très nombreux pays et voyage d'Outre-Atlantique jusqu'à l'Inde et le Japon ; de l'Arabie au Yémen…

Un quatrième et dernier reprendra finalement un grand nombre d'articles littéraires et culturels, fermant ainsi le cycle.

--

TABLE DES MATIERES

Liban –

Sauver le Liban pour lui-même 2 juillet 1958

Chronique d'un pays à la dérive (Les Mémoires du Président Chamoun) 7 août 1963

Maroc –

Enquête sur la monarchie du Maroc 28 novembre 1962

Pakistan –

Le Pakistan face à l'extravagant oncle Sam 11 septembre 1961

Pologne –

Hommage aux insurgés du ghetto de Varsovie 29 avril 1963

Russie –

Bon M. K. et « petite Syrie » 23 octobre 1957

Le compagnon de route et l'alliance atlantique 16 octobre 1957

Syrie –

En Syrie, échec aux Soviets 5 décembre 195

La Syrie, satellite de la planète Marx 28 août 1957

Insaisissable Syrie 15 avril 1963

Tunisie –

Des alliances ou la règle du jeu 9 janvier 1957

Bourguiba ou la panoplie du petit dictateur 9 octobre 1957

Turquie –
**Portée géopolitique des accords d'Angora (20 octobre
1922)**
novembre 2001

Yémen –
Le Yémen est notre voisin 14 novembre 1962
Droit révolutionnaire au Yémen 13 juillet 1966

*****

Le garde-fou allemand

7 juin 1957

Le 5ème voyage aux Etats-Unis du Chancelier Adenauer n'apparaît pas comme le moins fructueux de tous. Le chef des Chrétiens Démocrates allemands en rapporte des assurances électorales qui lui permettront de faire bonne figure en septembre. Aux termes du communique commun publié à Washington, Président et Chancelier déclarent que : « tout accord complet sur le désarmement doit nécessairement être précédé d'une solution du problème de la réunification allemande. » Ce principe rafraîchi guidera utilement les travaux de M. Stassen à Lancaster House ; il permettra sans doute d'éviter l'anesthésie du monde libre déjà très avancé à en croire l'humour assez macabre de M. Alain Clément[1] qui estime que l'opinion mondiale a fini, si l'on peut dire, par « digérer le massacre de Hongrie. » Bien des commentaires ont souligné que le Chancelier de Bonn a réussi quand l'amiral Radford et le sénateur Knowland avaient échoué. Il a su montrer de manière convaincante à M. Eisenhower les intérêts politiques véritables des Etats-Unis. On aboutit ainsi à cette nouveauté piquante. Pour la première fois dans l'histoire, la cause de l'unité allemande aura servi celle du monde civilisé.

Le climat

Fortement déçu par les réactions européennes au cours des dix dernières années – et déçu parce qu'elles ne correspondent pas aux chimères qu'ils ont rêvées – les

---

[1] Dans *Le Monde* du 30 mai 1957

Américains du Nord tentaient de négocier directement avec l'URSS. Ils allaient ainsi au-devant du plus cher désir des Soviets depuis juillet dernier. Si l'on s'efforce de comprendre toute négociation sur le « désarmement », il est nécessaire de s'apercevoir que tout accord entre les deux « grands » atomiques ne peut se fonder que sur le partage des dépouilles des autres puissances. Les négociations sur le « désarmement » ne désarmeront rien sinon les faibles forces européennes. Russes et Américains presqu'également avides de se partager l'union française pourraient dessiner comme à Yalta des pointillés sur la carte et accroître leurs zones respectives d'influence. Les Pays-Bas souffriront moins des maladresses américaines dans la mesure où ils ont presque tout perdu. Mais il reste à la Belgique bien des possessions : on pourrait même aller jusqu'à inclure l'Allemagne dans la liste des victimes. Le malheur est que le sacrifice n'a pas été du goût du Chandelier Adenauer : il n'en a pas voulu et il l'a fait efficacement fait connaître. Plus grave encore, le style, le genre de climat de ces négociations entre les deux monstres[2] de la planète révèlent que la célèbre naïveté américaine, loin de tenir aux vertus neutres ou fades du « bon garçon » provient d'une ignorance radicale des véritables intérêts des Etats-Unis.

Les manœuvres

En obéissant à un désir infantile de simplification, les Etats-Unis, encore une fois, offraient aux Soviets ce qu'ils n'osaient même pas rêver : la disparition de la frange subsistante entre les deux empires. Il n'est pas sans intérêt de considérer la politique américaine du Proche-Orient suivant

---

[2] Ce mot n'implique pas ici de jugement de valeur.

cette explication. Elle éclaire d'un jour étrange mais vrai la froide démence de M. Dulles à propos de Suez. On a beaucoup dit que l'échec de Suez fabriqué aux Etats-Unis, après coup, d'après la recette éprouvée du « Deus ex machina », a liquidé pour assez longtemps l'influence anglo-française, mais on n'a moins dit, avec M. de la Palice, que l'abstention des Etats-Unis restituait à la France et à la Grande-Bretagne une influence considérable en Orient. Les vapeurs de pétrole ont brouillé l'intellect de certains dirigeants américains et William Faulkner a été presque seul à prendre conscience de la valeur de l'expédition franco-britannique, seul à voir qu'elle donnait des bases solides à la paix. Pour l'admettre, il aurait fallu à ces dirigeants des Etats-Unis un état d'esprit beaucoup moins « nouveaux riches ». Seuls les très grands politiques ont su que l'on gagne beaucoup plus à maintenir l'équilibre, à savoir limiter ses propres gains qu'à tout vouloir dévorer. Cette notion européenne, méditerranéenne de la mesure, les Américains l'acquerront-ils à temps. Cela est largement souhaitable, mais plus que l'étude réfléchie des spécialistes du département d'Etat, ce sera l'esprit résolu et catégorique du Chancelier Adenauer qui aura fait progresser ces notions.

L'enjeu

En effet, l'extension du champ de la stratégie nucléaire à long rayon d'action[3] n'a rien ôté à la détermination soviétique de posséder une frontière allemande sûre à n'importe quel prix. Il convient en passant de rendre hommage à cette prudence et de saluer dans la Russie d'aujourd'hui la présence des Bainvilliens les plus

---

[3] Voir *Economist* du 1er juin 1957.

conséquents et les plus énergiques. Pour Moscou, le problème allemand demeure le problème proche par excellence. C'est pourquoi on a tout essayé et on essaiera tout pour séduire ou neutraliser M. Adenauer. Le Sésame allemand tient en un seul mot : <u>réunification</u>. L'URSS ne tolérera la réunification que si elle est sûre de la contrôler étroitement. M. Adenauer ne veut pas, pour l'instant, de ce contrôle. Il n'arrive pas non plus à imaginer un accord général sur le désarmement qui ne passerait pas par la réunification de son pays. Il s'en est allé le dire calmement à Washington où ses arguments exposés avec beaucoup de franchise ont fait réfléchir M. Eisenhower et peut-être entraîné sa conviction.

--

Arabie

Le roi-bédouin et les dollars

6 février 1957

Le tendre idéaliste qu'est le président Eisenhower compose avec ses principes les plus sacrés et reçoit pompeusement celui que le Syndicat AFL-CIO nomme avec horreur « un propriétaire d'esclaves ». Nous ne professerons pas ici de mépris pudibond envers Séoud IV, roi d'Arabie, qui a au moins le mérite de ne pas contrevenir à sa loi, la loi musulmane.[4] Il conviendra plutôt de penser qu'à défaut d'autre prouesse, Ike aura été capable de montrer que les politiciens prêcheurs de morale formelle se ridiculisent immanquablement.

---

[4] Chacun sait que le Coran n'interdit pas l'esclavage.

Un vide doctrinal face au vide politique

Séoud IV est arrivé aux Etats-Unis pour chercher les deux cent millions de dollars qu'il lui faut pour augmenter et équiper sa petite armée de quinze mille hommes. Comme il l'a rencontré avant son voyage et comme il le verra après, il ne sera pas étonnant que le monarque fût venu aussi parler au nom de Bikbachi dont le régime, privé d'argent se morfond. Sans doute a-t-il suggéré aux Américains d'entretenir la Jordanie comme le fit la Grande-Bretagne et, très probablement pour ne pas blesser la susceptibilité du Colonel, il aura proposé que cette aide soit versée par Abdel Nasser et lui-même aux Jordaniens.

M. Eisenhower risque de promettre et de donner tout ce qu'on voudra pour que la base aérienne de Daharan soit maintenue, et confirmés les privilèges et les gros intérêts de l'Aramco et de la Socony Mobil Oil. Le creux imposant de la « doctrine Eisenhower » ne masque rien d'autre.

Pour les deux partenaires, il s'agit d'une politique à courte vue. En effet, donner une aide monétaire à la Jordanie par l'entremise égyptienne serait assujettir entièrement Amman à la clique du Bikbachi. Il n'est pas interdit de conjecturer qu'Abdel Nasser sera d'autant plus anti-occidental qu'il sera plus fort ; peu lui importe l'origine de son influence politique. L'axe Le Caire-Amman-Damas deviendrait une réalité dangereuse pour l'Orient ; il passerait aux Soviets ; ses chefs auraient la délectation de snobs sanglants qui pénètrent dans un milieu qui leur a longtemps été défendu.

On a déjà pu remarquer que Séoud IV a beaucoup moins d'envergure politique que son père Ibn Séoud. Celui-ci avait fort bien compris que l'indépendance de l'Etat séoudien ne pouvait que pâtir d'intrigues égyptiennes : il se servait des réunions de la Ligue arabe pour s'imposer ; celui-là se jette dans la gueule du loup.

Des problèmes séoudiens Ibn Séoud a peut-être écrit les pages les plus glorieuses dans l'histoire de sa dynastie qui, sur plus ou moins de territoires, règne en Arabie depuis cinq siècles environ. Emir du Nedjd, il commença ses conquêtes en 1912 ; s'attribua en 1919 le royaume du Hedjaz et groupa en 1931 ces territoires sous leur nom actuel. C'est sous son règne que l'Arabie a été ouverte au progrès matériel. Sa politique de roi nomade ne manquait pas de sagacité, d'énergie. Son fils a commencé son règne dans une atmosphère de crise. Il a tenu à marquer dans les faits une hostilité à Israël qu'Ibn Séoud se contentait de garder parmi les principes abstraits. Poussé peut-être par les avis de sociétés américaines, il a cherché noise à l'Angleterre à propos de l'oasis de Bouraïmi. Soucieux de l'unité arabe, il a oublié les querelles de sa famille avec les Hachémites jordaniens. Mais jusqu'à présent, il n'a pas su guider son pays dans l'initiation à la vie moderne et sa politique étrangère risque d'être désastreuse pour sa dynastie.

En revanche, il est une vérité politique que les Américains méconnaissent quand ils s'imaginent lutter contre les Soviets en répandant leur aide économique : ce n'est pas le dollar qui triomphera du communisme. Des peuples riches peuvent passer au communisme. Ce qui importe c'est, en premier lieu, un principe, un système d'idées assez audacieux, assez envoûtant, assez juste ; en second lieu, des armes.

L'Arabie séoudite possède un corps de doctrines : le Coran. Le prestige de Séoud venait de l'application rigoureuse de l'Islam wahhabite. L'or et les Cadillac ne le troublaient pas et au milieu de ces richesses, il menait la vie simple et frugale du bédouin. Si les dollars l'emportent sur la foi, les Séoudites se trouveront en état de moindre résistance. Que le département d'Etat ne cherche pas à moderniser l'Arabie, cela ne signifie rien. Les Soviets n'ont pu imposer leur domination en Ouzbékistan et en Kazakhstan, en décolorant, en « désanimant » les populations autochtones. L'introduction de l'idole dollar à Riyad et à la Mecque aura le même effet de destruction.

<u>L'Arabie et la France</u>

A moins que la République n'abdique les droits de la France, la France demeure une puissance musulmane. Elle l'est tellement que le roi Séoud l'a reconnu quand il a chargé les pèlerins français musulmans à La Mecque de remettre à M. Robert Lacoste des présents, en tant que gouverneur de l'Algérie. Et cela malgré la tension au Proche-Orient, malgré la nervosité et les fausses nouvelles répandue par la radio du Caire. Cela montre les immenses possibilités d'une politique musulmane de la France. Nous avons plus d'inimitiés et d'amitiés en commun avec les peuples musulmans que de différends inexpiables. Pour définir une alliance avec eux, il y faudrait un peu d'imagination, de la perspicacité, de la confiance et de la force. Il faut le contraire de la République.

Arabie

Nos bons alliés et l'euthanasie

27 novembre 1957

On observe avec beaucoup de rigueur en Arabie le rite ancien de lapidation de la femme adultère. Fallait-il user de la sorte avec M. Selwyn Lloyd ? Il semble que non dans la mesure où nos contrées ramollies par les civilisations du confort excluent des règlements sans doute justes, mais entachés de quelques violences. Pourtant M. Selwyn Lloyd fut déjà arrosé de pierres à la latitude d'Aden. Comment donc M. Macmillan a-t-il pu garder aux affaires ce commis malchanceux ?

Il est vrai que M. Macmillan, lui-même, ne représente qu'un personnage bien effacé. Jusqu'au coup de Tunis, il passait presque inaperçu. Mais abdiquant toute indépendance et toute fierté britannique, il s'est embarqué à la suite de M. Dulles. Cette association monstrueuse évoque bizarrement un écrivain anglais très sensible à la pensée française, Thackeray, et un romancier français assez anglomane, Stendhal. Ayant peut-être conscience avec ces derniers « qu'un bon raisonnement offense », M. Macmillan laisse le secrétaire d'Etat américain accomplir les pires sottises, taciturne comme le valet Stoopid, personnage de Thackeray. Mais parmi les équipes en place aux Etats-Unis et en Grande-Bretagne, parmi ces gouvernements qui sont nos « alliés », nous avons aussi des ennemis plus subtilement sournois. Ils s'expriment, par exemple, dans l'*Economist* qui condamne l'envoi d'armes fait à la Tunisie sous une forme voyante, parce que cela empêche l'euthanasie de la France projetée chez nos deux grands Alliés. Pour l'*Economist*, dont les jugements politiques sont parfois très pondérés, parfois, également, gauchis par les puissances bancaires, il est capital de faire perdre l'Algérie à la France, de tuer le voisin français à petit feu, mais il est grotesque de le laisser voir. Au moment où la mise à mort est décidée, qu'elle ait lieu avec douceur sans que la victime s'en aperçoive. Cela coûtera bien moins cher. Et à l'*Economist* on ne badine pas sur le prix de revient. Dans un premier temps, on affirme que : « … des moyens calmants peuvent être maintenant choisis pour rétablir de bonne manières et une meilleure humeur entre les trois alliés… »

Que cela ne nous rassure pas ! Le FLN n'a aucun avantage à tirer d'une condamnation de la France à l'ONU. M. Bourguiba le sait. M. Dulles nous obtiendra un vote lénifiant. Mais l'*Economist* marque très clairement le but à atteindre : « Les Etats-Unis, par-dessus tout ne veulent pas voir leur influence compromise par une association avec une politique qu'ils tiennent pour mauvaise et impraticable. »

Devant des Alliés aussi largement cyniques, aussi aveuglés sur ce qui est le bien commun de l'Alliance, la violence est notre seul recours. Mais en face d'eux, quel est notre pouvoir de négociation ? Il comporte des limites manifestes. La république depuis de trop longues années, cloue la France sur un fauteuil de paralytique. Les puissances alliées encore mieux peuvent exercer une gamme de pressions très étendue sur la politicaillerie du régime. Ainsi va-t-il falloir compter avec le vote du Congrès radical qui exige une capitulation immédiate en Algérie. On trouvera une faiblesse plus grave dans les difficultés de trésorerie du gouvernement et dans l'impasse budgétaire. Cette plaie d'argent, nos alliés comptent bien l'élargir et l'utiliser pour nous dicter notre déchéance dans l'Afrique entière. Reportons-nous au supplément de l'*Economist* sur l'activité bancaire mondiale. On nous dit d'abord que : « ... des prêts substantiels ne peuvent être attendus... » Et l'on ajoute lyriquement en mêlant le vrai et le faux : « l'Algérie, le budget, les restrictions de la demande dans des secteurs économiques partiels..., le besoin fondamental et inéluctable de la France en ce moment est de se délivrer de ces inhibitions et de ses complexes, et de se dégager de son monde des songes. »

Malheureusement pour nos « amis »,[5] il y a deux faits avec lesquels leur boulimie démentielle et leurs faux calculs doivent compter. En premier lieu, l'intensité de l'émotion populaire en France devant leurs prouesses. Cela l'*Economist* le reproche amèrement à Messieurs Dulles et Macmillan. Car il est techniquement possible de dépecer la France en lui arrachant l'Algérie. Toutefois l'opération se ferait à chaud maintenant, et les meurtrissures des apprentis bouchers risqueraient d'être cruelles.

Depuis les années '40, aucune puissance européenne ne s'est battue férocement pour garder une colonie. France, Grande-Bretagne, Pays-Bas en ont donné de fameux exemples. Avec l'Algérie tout change. L'Algérie n'est pas une colonie. C'est un élément organique du territoire national.

---

[5] Jacques Bainville écrivait le 15 décembre 1932 : « il ne faut jamais encourager personne, fût-ce votre ami le meilleur, à se permettre tout. »

Elle ne se rajoute pas à la France, elle s'y lie inextricablement. Qu'il y ait des regrets au Colonial Office devant les méthodes anglaises correctes, méprisantes et ségrégatives, cela se comprend. Que l'on tente de s'en consoler en partageant les miettes d'un contrôle économique de l'Algérie avec les Etats-Unis, cela se comprend aussi. Mais que les Anglo-saxons qui ont donné au monde d'extraordinaires réalistes et sous-évalué les réactions populaires en France déçoit profondément. Notre régime les a plongés dans une erreur qui leur fera au moins autant de mal qu'à nous.

--

Diplomatie

La chute des masques

21 novembre 1956

Depuis l'armistice signé à Genève par M. Mendès-France en 1954, il y a eu peu d'actions politiques aussi controversées que l'expédition alliée à Suez. En France aussi bien qu'en Grande-Bretagne, la droite et la gauche se maintiennent dans la division. Fallait-il rester les bras croisés devant la haine active de Nasser ? Devait-on occuper tout le tracé du canal sans se soucier de l'ONU ? Bien que la presse ne dispose pas du secret des archives – ni de voyance, comme à l'*Express* – ni de « voyure », comme à *France-Observateur* – il n'est pas interdit d'évaluer le prix, de compter le succès de l'entreprise afin d'établir ce qui l'emporte, du gain ou du manque à gagner.

L'effet le plus surprenant, parce qu'il n'avait sans doute pas été voulu, sera de l'ordre psychologique. On constate cette semaine dans un certain groupe de journaux des rencontres touchantes et des soucis communs révélateurs. La *Tribune des Nations* a réussi un tour de force : elle ne parle de la Hongrie martyre que de manière incidente. *Témoignage chrétien* n'en suis pas moins avec obéissance cette nouvelle consigne, et nous n'en serons pas surpris.

A l'étranger, les réactions n'ont pas été moins précieuses. Aux Indes, notamment, le faux nez de moralité et d'équité que M. Nehru portait sans vergogne est tombé. Sa partialité scandaleuse en faveur des bourreaux soviétiques a écœuré les socialistes hindous. M. Nehru s'oppose aussi à l'intervention des troupes de l'ONU à Suez, car il tremble pour la province de Cachemire qu'il a volée au Pakistan. Et l'opinion britannique commence à se délivrer de la mystification Nehru.

<u>Putsch soviétique manqué</u>

Pour avoir une idée exacte des objectifs atteints par l'expédition franco-britannique, on voudra bien se souvenir de l'état précaire du Proche-Orient aux lendemains des élections jordaniennes. Pion avancé de Moscou, le colonel Nasser avait formé l'axe Le Caire-Amman-Damas, auquel un commandement militaire unifié donnait toute sa valeur. Laisser faire équivalait à couper l'Irak des ports méditerranéens et laisser aller les tanks soviétiques imposer leur joug en Orient comme à Budapest. La presse anglaise a dénoncé « l'opération Mena ». Au mieux, nous aurions vu une réédition de la guerre de Corée. Heureusement, les tanks et les Migs ont été pulvérisés avant d'avoir servi. Le *Monde* du 15 novembre signalait à l'aérodrome d'Amsterdam-Schiphol la présence de techniciens soviétiques qui rentrent en Russie, « l'avance israélienne et franco-britannique les ayant empêchés de remplir leur mission ». Le bruit court que Nasser a fait fusiller son chef de l'armée de l'air : de même que ce dernier, il s'est pourtant trop trompé pour son grade, comme dans Gogol.

Le Bikbachi est-il arabe ?

Les dirigeants arabes ont conscience du rôle réel de Nasser qui se comporte davantage en agent soviétique qu'en patriote arabe ou égyptien. La conférence qu'ils ont tenue à Beyrouth a donné lieu à des entretiens positifs. On s'est souvenu que cet homme avait un constant pouvoir de faire le vide autour de lui et qu'il ne concevait pas d'autre chef que lui-même pour l'ensemble des Etats arabes. Tant que sa force n'avait pas été mise à l'épreuve, le mieux était d'attendre et de se taire. On a vu par la suite que le colonel Nasser n'était pas « intouchable » et que la protection des Soviets n'empêchait pas son armée d'être battue. Le Liban a refusé de se solidariser avec Nasser. La Lybie a expulsé l'attaché militaire égyptien de Tripoli. Et le roi Séoud d'Arabie doit songer que MM. Dulles et Byroade ont gaspillé au Caire des dollars qu'ils auraient pu mieux placer à Riad.

L'URSS antisémite

Moscou a jugé bon d'accorder à Nasser un violent soutien diplomatique. Il a menacé à plusieurs reprises l'Etat d'Israël de toutes les foudres du Kremlin. Mais les choses n'en demeurent pas là, puisque l'antisionisme est doublé d'antisémitisme.[6] Les communautés juives de Russie sont extrêmement inquiètes et craignent des pogromes ou des déportations. Ainsi, il apparaît que non seulement l'agitation semée dans les pays arabes n'a pas donné les résultats escomptés, mais que les Soviets se sont en même temps aliéné l'opinion israélite mondiale.

Le prix

Tout porte à croire que l'intervention franco-britannique a ruiné un plan de mainmise soviétique sur le

---

[6] *The Jewish Chronicle* du 16 novembre 1956 met l'accent sur de pénibles manifestations antisémites qui ont eu lieu récemment à Kiev.

Proche-Orient qui aurait, entre autres résultats, privé définitivement de pétrole arabe l'Occident européen et les Etats-Unis, qui ont mené ces derniers temps un jeu ridicule et syncopé. Cette chaîne d'effets que l'on peut trouver remarquables n'a pas été obtenue gratuitement. Le coût militaire est heureusement peu élevé. Mais, dans l'ordre économique, les frais sont nombreux et ont quelque importance. Il n'est pas inutile de la fixer. D'après Le *Monde* du 18 novembre, on pense que si les ressources en pétrole étaient réduites du quart, les disponibilités en énergie baisseraient en gros d'un seizième. On peut admettre que ce coût n'est pas excessif.

Quoi qu'il en soit, les Etats-Unis seront bien avisés de ne pas faire tourner à l'aigre l'alliance atlantique en subordonnant leur aide pétrolière à des reculs occidentaux. Ils jouent là un jeun dangereux. A mettre des billets dans les bottes de Nasser et à soutenir – dans l'excellente compagnie des Soviets – un dictateur à demi effondré, ils risquent de perdre toute influence en Orient et en même temps d'indisposer l'opinion franco-britannique au point de mener à des réactions qui seraient mutuellement regrettées. La France et la Grande-Bretagne n'ont pas tellement besoin de l'appui américain pour tenir leurs positions avec fermeté. Si elles le font, elles auront bien mérité – malgré M. Dulles – du monde libre et – malgré M. Chepilov – de tous les peuples du Proche-Orient.

--

Diplomatie
Le progressiste et ses benoîtes dévotions
24 juillet 1957

Tout fuyants que soient le progressisme et les progressistes, il ne semble pas impossible de cerner les contours de cette doctrine et de portraiturer ses zélateurs.

L'expérience montre que le progressiste prend régulièrement position en faveur de tous ceux qui menacent sa patrie. Par honnêteté, dit-il. Curieuse honnêteté dont la juridiction ne s'exerce que sur les manques, les imperfections et les malheurs du pays ! Elle s'enraie, par miracle, dès que le destin national est injustement menacé. On peut conclure à une sorte de « complexe de Néron ».   En effet, le progressiste chrétien[7] a appris de ses amis marxistes qu'elle était le sens de l'histoire qu'ils ne trouvaient pas dans les Evangiles.

L' « histoire » marxiste passe par l'écrasement et la disparition de la France. Le progressiste y souscrit. Cependant, quand l'histoire butte contre la vitalité française, le progressiste s'étonne, se fâche, puis il s'avise de tuer « la mère de Néron ». Le poison n'avait pas suffi : il s'avise de l'étouffer ou de tenter de le faire avec des coussins qu'il n'a plus lui-même. Il ne laisse pas le monopole de cette action aux ennemis de l'étranger : leur action n'a pas la « même » valeur morale. Le progressiste – voilà son premier trait – est un persuadeur de mort. Il persuade de mourir ce qui est

---

[7] Il s'exprime *Le Bulletin* (ex *Quinzaine*) 16 rue José Maria de Heredia, Paris.

vivant : il trouve là son utilité marxiste. Comme la France ne capitule pas, il faut changer cette réalité insolente : le *Bulletin*[8] : « La guerre d'Algérie continue… il nous appartient de la faire cesser. Car s'il n'y a pas encore au Parlement une majorité pour exiger la négociation, il en existe déjà une dans le pays qui peut, en se développant, et en s'exprimant avec plus de force, imposer sa volonté. »

Passons à la Chine. Le progressiste révèle à son propos une souplesse dialectique étonnante. Bonhomme, il convient de la brutalité du régime et de son caractère totalitaire. Mais il ajoute suavement qu' : « il est peut-être moins ressenti qu'on ne l'imagine par un peuple qui a derrière des décades de tyrannie et de misère. » Il rapporte, en chuchotant presque, la constitution en Chine de comités mixtes composés de communistes et de catholiques chinois : « beaucoup de chrétiens se demandaient ce qu'ils avaient à faire dans de telles équipes ; drames ensuite, quand ils se trouvaient mêlés aux exécutions sommaires », de même « cela peut paraître absurde ou révoltant, mais c'est un fait que, dans les circonstances présentes, le chemin proposé aux catholiques chinois par le gouvernement passe par la dénonciation des évêques et des prêtres entre eux » ; mais croyez-en notre dévot progressiste, ces misères ne sont ni dramatiques ni révoltantes. Bien que chrétiens, nous ne sommes que d'impurs Occidentaux : « nous n'avons que le droit de suivre avec une grande ouverture d'esprit (sic) le travail d'émancipation économique et de progrès social qui s'accomplit là-bas. » Mais le progressiste estime qu'après tout la chrétienté chinoise n'a que ce qu'elle mérite. Sans craindre

---

[8] Juin 1956

un instant l'usage qu'en pourrait faire un Etat anticlérical en France, il ronronne. « Bien des catholiques, des empotés, ne sont pas toujours disposés à se tenir strictement dans leur domaine et leurs incursions dans la politique ne sont pas toujours heureuses. »[9] Cet exemple fait apparaître une autre imposture du progressiste : elle touche le langage. Le progressiste est un « phraseur » et un phraseur confus.

Comment s'arrêter en aussi bon chemin ? Après avoir brouillé les notions courantes, empoisonné le langage commun, il s'agit de faire mieux encore. On arrive ainsi à rapporter sans réagir la morale du Dr Chauchard : « non seulement cette morale fait de l'engagement politique un devoir, mais il y a un devoir de progressisme. Car seul l'esprit de gauche est compatible avec le christianisme. » On en vient après de tels prémisses à une conclusion qui paraît modérée : « Et il faut faire une synthèse de l'analyse marxiste et du sens chrétien de l'homme. » Un détournement aussi froidement scandaleux de la morale chrétienne relève presque de la simonie. Le progressiste admet volontiers les pratiques simoniaques.

Quel portrait chargé dira-t-on. Il semble, malheureusement, tout fait de ses écrits et de ses actes. Mais enfin s'il était sincère et s'il voulait vraiment le bien des Chinois qu'il exhorte dévotement à crever dans le silence effrayant de la conscience progressiste ? Cela ne manque point d'arriver, en fait. Il y a des progressistes « sincères ». Mais il faut bien s'apercevoir que le progressiste s'il est lucide n'est pas sincère et s'il est sincère, il n'est pas lucide. On a

---

[9] *Bulletin* de juin 1956, page 23

souvent vu le progressiste sincère contraint d'avaler tant de couleuvres par les tyrans pour lesquels il travaille, qu'il trouve une compensation psychologique en *haïssant* ses frères en chrétienté. M. Claude Tresmontant publie sa haine contre un rédacteur de la *France catholique* dont il trouve « fétide » le commentaire sur Teilhard de Chardin, simplement parce qu'il ne correspond pas aux vues progressistes. M. Tresmontant, qui dispose de beaucoup de haine, regrette[10] « qu'en théologie on ne puisse pas faire des procès en diffamation. » Sous Mao-Tsé-Toung, il élèverait des bûchers.

Veut-on une définition cruelle mais très proche de l'exactitude, du progressiste sincère : « il est caractérisé par la nullité du langage, de l'attention volontaire et par l'incapacité de se garer des dangers matériels. Il s'accompagne de caractères morphologiques spéciaux : hébétude du regard, asymétries et déformations diverses. » On trouve cette définition dans le *Nouveau Petit Larousse illustré* au mot : idiotie.

Les négriers et les exploiteurs avaient blessé les populations « coloniales » dans leur chair. En soutenant parmi leurs revendications celles qui sont démentielles et injustes, le progressiste est moralement aussi coupable que le négrier. « Les méthodes de la « pacification » sont inadmissibles. Elles doivent être dénoncées. Mais n'entretenons pas pour autant l'illusion d'une « guerre propre », surtout quand il s'agit d'une guerre coloniale ». Le point essentiel, ce qu'il faut obtenir en Algérie, c'est le départ des Français d'origine européenne, le massacre de la moitié

---

[10] *Bulletin,* octobre 1956

des Français musulmans par le FLN : l'autre moitié servira d'esclave à un gigantesque condominium soviéto-américain qui exploitera le territoire comme il lui plaira.

Organe de prédilection du progressiste, le *Bulletin* a évidemment attendu Mélouza pour voir que la guerre d'Algérie était atroce, qu'elle était menée atrocement contre nous. Avant Mélouza, il n'existait pour le *Bulletin* que des atrocités venant des forces françaises de libération. Les massacres sauvages à l'unité ou à deux ou trois, perpétrés par les rebelles, constituaient des aventures individuelles pour le *Bulletin*. Mais un village entier ! Le progressisme croit aux masses. Il n'avait pas bronché avant Maintenant, il accuse le coup.

Première évidence reconnue de mauvais gré : « le massacre est un crime. » Fort bien. C'est un crime. Il faut bien que c'en soit un, puisque les chefs de la « Résistance algérienne » (sic) l'ont eux-mêmes condamné. S'ils ne l'avaient pas fait, ce serait déjà autre chose. Malheureusement pour l'ex-*Quinzaine*, le premier mouvement du FLN au Caire a été de revendiquer l'opération de génocide comme un brillant fait d'armes. Sans barguigner, le *Bulletin* rapporte complaisamment la thèse un peu moins grossière du bourguibiste Ben Smaïl : le crime aurait été commis par une « harka ». Il est proprement stupéfiant de voir alors la définition d'une harka que *Le Bulletin* prend à son compte : « bande recrutée dans la région œuvrant pour le compte de l'armée française, usant de méthodes fellagha. »

Les hordes rebelles, vous l'avez lu plus haut, constituent la « Résistance algérienne » ; quant aux harka ce sont des « bandes » œuvrant pour le compte de l'armée française. Mais nous croyons très fermement ici que l'armée française EST l'armée de toutes les populations d'Algérie.

Le *Bulletin* n'est pas de cet avis. Après un effort surhumain de froideur, d'objectivité, de prudence, éclate enfin la rafale des slogans :

Premier slogan : « La guerre d'Algérie est atroce et le sera chaque jour davantage si elle continue : voilà l'évidence qu'il faut sans cesse répéter et dont il faut convaincre tous les Français. »

Il est bien gênant, cependant, de constater que seule la volonté de combat empêche l'Algérie de devenir un gigantesque Mélouza. D'où les préliminaires du deuxième slogan. « Certes, il est légitime de vouloir une coexistence harmonieuse des populations, de protéger la sécurité des Européens, de défendre les intérêts qui sont ceux de la France et des Français installés en Algérie. Mais personne n'a le droit d'affirmer aujourd'hui que cette défense et cette protection sont incompatibles avec l'indépendance de l'Algérie. »

Toute l'histoire des récentes expériences politiques a justement démontré que « défense », « protection », et jusqu'à la vie physique des populations de toute origine ne pouvaient se concevoir en même temps que ce mythe meurtrier.

Troisième train de consignes aux esprits faibles mais remuants Tout d'abord : « La négociation peut, aujourd'hui, répondre non seulement à l'intérêt de la France, mais aussi à son idéal de justice. » Si l'on traduit les émules de Piazecki en français, on obtient : installer les assassins près des victimes, c'est l'intérêt de la France ; décorer les assassins correspond à notre idéal de justice. Mais oui.

D'ailleurs « sans négociation directe, internationalisation du conflit », voilà un argument, « entre autres, à destination des lâches. Tout de suite après, la consigne du jour : « Dans l'immédiat, se battre contre le renouvellement des pouvoirs spéciaux. » Le bout de l'oreille se montre une bonne fois, tout le reste n'étant que prétexte : « Les chances de la démocratie en Algérie sont liées à une négociation immédiate, tout comme les chances de la France et de la population européenne. »

Afin de laisser son âme en repos, nous ne parlerons pas ici du « dossier » de M. Jean Muller. Mais nous constaterons l'étonnante, la laide contradiction du progressiste qui écrit dans sa revue [11] « Jésus rejette tout fanatisme qui dégrade la foi en Dieu en mythe politique, ou qui confondrait l'avènement d'un régime politique avec celui du royaume de Dieu. Ce royaume ne viendra pas de la violence humaine ni de moyens politiques, mais de la seule fidélité religieuse de l'homme à Dieu » et qui, répudiant l'enseignement chrétien et le patriotisme naturel invite à l'unité d'action avec l'athéisme militant pour le triomphe de

---

[11] mars 1957

la Terreur : « Pour cette unique raison, que le parti communiste est la seule formation politique qui se soit prononcée en faveur de la négociation en Algérie, l'unité d'action se justifierait encore, à cause, précisément, de ce problème crucial qui engage profondément l'avenir de la nation. »[12] Dieu seul jugera ces hommes : nous leur devons la vigilance et la charité.

--

Diplomatie
Les nationalismes français et britannique
devant l'Allié incertain

12 mars 1958

L'article important que M. Montgomery Belgion a consacré au « Nationalisme français d'aujourd'hui »[13] ne s'attache pas à faire l'historique des courants nationalistes en France ni à en donner une géographie électorale ou descriptive. Pour traiter son sujet, il retient la thèse essentielle du livre d'Henri Massis sur « l'Occident et son destin », à savoir la volonté arrêtée des Etats-Unis de briser les cadres nationaux de l'Europe.

Cette thèse, qu'Henri Massis a développée du point de vue de la philosophie de l'histoire, se trouve confirmée et prouvée par des faits très modestes dont l'excellent ouvrage de M. Biggs Divison sur l'*Allié incertain*[14] - auquel se réfère M. Montgomery Belgion – a rassemblé les plus révélateurs.

---

[12] *Le Bulletin* d'octobre 1956
[13] *Quarterly Review* de janvier 1958.
[14] *The Uncertain Ally*, Christophe Johnson, éditeur.

S'attachant particulièrement au domaine économique, l'auteur estime que les hommes politiques des Etats-Unis ont obstinément cherché à faire sauter les tarifs protectionnistes des nations européennes comme à empêcher l'application de la préférence impériale. Cette double action visait à abolir tous obstacles à l'expansion industrielle américaine – dont les Empires britannique et français – et à fonder un gouvernement mondial. M. Belgion unit les arguments de cet essai à ceux de Henri Mass pour conclure aux chances positives d'un nationalisme français comme au caractère irremplaçable des cadres nationaux pour les peuples européens.

Cendrillon devenue…
Après une évocation sommaire de *l'Action Française* depuis le début du siècle jusqu'aux années 40, M. Belgion écrit : « … Il en fut de telle sorte que le nationalisme français était devenu, en 1945, la Cendrillon des espérances politiques ; et le comportement ultérieur du général De Gaulle – que ce soit à la tête des affaires ou dans la retraite – ne fit rien pour le relever. Cependant, ce fut le moment même où le nationalisme rafraîchit et élargit son inspiration. Une nouvelle alternative s'étendait plus largement dans le paysage politique, et pour les hommes âgés et réfléchis non seulement en France, mais dans toute l'Europe occidentale – âgés et réfléchis comme feu M. Voigt en Angleterre – il semblait qu'un devoir neuf et urgent s'était imposé à eux. Ils se sentaient appelés à résister à cette nouvelle alternative par tous les moyens en leur pouvoir. Pour un nationaliste français qui avait vécu 1914, le nouveau front, pour ainsi dire, n'exigeait aucune rupture de politique. Bien qu'il interprétât la nouvelle alternative comme une menace, il reconnaissait que ce n'était que le développement de quelque chose contre quoi il s'était déjà battu en des temps éloignés. » Dans cette perspective-là, le monde économique était défini comme un tout : « … En corollaire à la théorie du monde

unitaire, il est bien entendu enseigné que nationalité et souveraineté nationale sont démodées et usées. On dit qu'elles ont fait leur temps. On avance qu'il faut maintenant accorder à l'humanité les avantages du super-Etat. On nous assure que le but ultime est le gouvernement mondial, un seul gouvernement pour le monde entier. Dans l'intervalle, la première étape tenue pour désirable est la formation des Etats-Unis d'Europe, ou, suggère-t-on, d'une Union Atlantique.

« Cette proposition peut non seulement transformer en ardents nationalistes de droite des hommes qui furent autrefois des libéraux. Mais il est probable qu'elle plonge dans le désespoir des nationalistes de l'ancienne école d'avant 1914. Des associés directs de Charles Maurras dans cette époque éloignée, le plus éminent survivant – et très probablement le seul actif – est M. Henri Massis. »

Projets américains pour l'Europe
Montgomery Belgion dégage la thèse centrale de *L'Occident et son destin* en lui apportant quelques nuances : « … Et comme il concevait qu'il y avait un complot venant des Allemands[15], il conçoit aujourd'hui qu'il y a un complot venant des Américains.

« La propagande menée en faveur des Etats-Unis d'Europe, dit-il, est principalement – sinon entièrement – américaine. Pourtant, cela va sans dire, il n' y aura pas d'Etats-Unis d'Europe sans le consentement et l'approbation des peuples en question... » Ne nommant personne, M. Massis se contente de dire que les *dirigeants américains* ont deux raisons de vouloir la fusion des pays indépendants d'Europe occidentale. La première réside dans leur peur du communisme et dans leur souci anxieux d'en arrêter

____

[15] Dans sa *Défense de l'Occident*.

l'expansion. Ce qui semble à ces anonymes *dirigeants américains* le meilleur moyen d'arrêter l'expansion du communisme, c'est de convertir l'Europe occidentale à l'américanisme – à l'*american way of life*. Cela immunisera les habitants des Etats-Unis. Aussi a-t-il été décidé de soumettre l'Europe occidentale à une *colonisation morale* et des efforts ont déjà été exercés dans cette fin. Films, périodiques, services d'information, contact des troupes américaines avec les habitants de l'Europe occidentale – dans ce genre d'efforts, tout joue un rôle.

« Si la peur du communisme est la première des deux raisons pour lesquelles les dirigeants américains veulent voir les Etats-Unis d'Europe, la seconde vient de leur constatation qu'en Amérique même le *melting pot* ne remplit pas son office (…)

« Là où M. Massis a parfaitement raison, c'est quand il signale qu'il y a des projets américains pour l'Europe. Pour que l'on en vienne à abolir nationalité et souveraineté en Europe occidentale – à tout le moins à les limiter sérieusement – plusieurs Américains influents ont publiquement prononcé des exhortations. Depuis que M. Massis a publié son livre, ses affirmations dans cet ordre ont été confirmées de manière éclatante ici en Angleterre. M. John Biggs-Davison (…) ne veut pas assister à la démolition de l'Empire britannique et du Commonwealth. Il a ainsi écrit un livre dans l'intention de montrer au peuple anglais à quoi les Etats-Unis se préparent. Il attire l'attention sur les conditions qui furent liées à l'accord Marshall et il confirme les exposés de M. Massis suivant lesquels il y a des efforts délibérés des Américains pour inciter les nations européennes à se fédérer.

« … Il rappelle qu'en octobre 1944, le président Roosevelt fit un discours dans lequel il dit : « J'ai l'intention de trouver de l'emploi pour soixante millions d'Américains en triplant nos exportations. » Il ajoute : « La Grande-Bretagne et le reste du monde attendirent avec anxiété pour savoir comment ils seraient menés par contrainte ou par séduction à absorber la production excédentaire de soixante millions d'Américains. »

« On ne peut faire confiance au-delà… » (G. Washington)

« C'est une règle fondée sur l'expérience universelle de l'humanité que l'on ne peut faire confiance à une nation au-delà de ce qui est lié à son intérêt ; aucun homme d'Etat ou politicien judicieux ne s'aventurera à la transgresser. »

M. Biggs-Davison estime particulièrement bien venue ces paroles de Washington à l'époque « des empires continentaux géants. » Il invite à l'appliquer aux Etats-Unis. Ainsi : « En 1946, les pays de l'Europe occidentale furent assez fous pour demander une aide financière et autre aux Etats-Unis, et les ficelles qui étaient attachées à l'aide signifiaient (…) le sacrifice de la discrimination et de la préférence – essentielles à l'indépendance et au redressement – dans le régime des importations. Comme le général Marshall le dit dans son discours d'Harvard en juin 1947 : « Pour son redressement et sa reconstruction – et sous le *patronage des Etats-Unis* – l'Europe devait s'unifier. »

M. Foster Dulles, actuel secrétaire d'Etat américain, le disait avec une franchise considérable en 1950 dans son livre *Guerre ou Paix*[16] : « Les Etats-Unis ont maintenant la possibilité d'entraîner pacifiquement (…) ce qui doit être fait, *mais qui ne sera pas fait sans une pression extérieure amicale mais ferme.* Les Etats-Unis peuvent et doivent saisir cette occasion et exercer cette pression. Nous avons le droit de le faire

---

[16] *War or Peace*, aux Editions MacMillan, New-York.

parce qu'à la demande de l'Europe, *nous avons fait des investissements énormes en Europe occidentale. »*

Les nations d'Europe seraient-elles sans recours contre cette pression des Etats-Unis ? M. Biggs-Davison ne le pense pas. Il écrit : « En dépit des menaces et des cajoleries d'outre-Atlantique, la C.E.D. s'échoua contre le roc du nationalisme français. » Il voit clairement que : « Les super-Etats vont à l'encontre du principe national qui est à la base du Commonwealth comme de la civilisation européenne. » Et l'assaut conjugué des Etats-Unis et de l'URSS contre les nations européennes s'explique : « *Un seul monde* qui était le livre de M. Wilkie est aussi bien le but de l'Internationale libérale d'Amérique que de l'Internationale communiste de l'Union soviétique. »

<u>La plus grande indépendance locale</u>
On en revient ici à l'article de Montgomery Belgion. Celui-ci, après avoir énuméré les travers fabuleux ou réels de l'*Action Française*, en retient maintenant ce qu'elle eut de positif : « Ses amis et lui (Maurras) recommandaient exactement le contraire des fédéralistes, des amateurs de super-Etats et de gouvernement mondial. Ils exigeaient la plus grande indépendance locale. Au lieu de l'Etat omnipotent, ils voulaient un gouvernement aussi limité et aussi détendu que possible. Ils s'élevaient contre la tendance du gouvernement à former un hybride de parent, de propriétaire, d'employeur et d'arbitre. Ils tenaient que le pouvoir central dans un Etat ne devait s'occuper que de l'essentiel. Naturellement il avait à diriger la politique étrangère et à organiser la défense. Pour cela, il devait avoir de l'aide. Mais pour tous les autres chapitres qui sont traités par l'Etat moderne, ils souhaitaient les voir entre des mains privées ou confiées à l'administration locale (...) ce qui importe quand nous avons à considérer si la nationalité doit

être préservée ou écartée, c'est leur insistance sur le besoin humain d'indépendance locale et d'initiative.

« Ils appliquaient les mêmes notions à l'industrie et à l'agriculture… Nous savons par ce qui a été essayé en Italie et en Suède, et spécialement par ce qui est poursuivi au Portugal, qu'il n'y a rien de fantastique ou d'impraticable quant à leurs propositions dans ce domaine.

« … La base de leur programme social et économique était bien entendu la reconnaissance de l'homme comme une créature responsable. J'ai déjà dit que M. Massis est catholique. Bien que Maurras ne revint à l'Eglise qu'à la veille de sa mort, la philosophie politique du mouvement d'*Action française* était autant chrétienne que nationaliste.

« … S'il y a un mode de vie américain, ils savaient qu'il est aussi un mode de vie européen et un mode français à l'intérieur du monde européen. En bref, le terrain ultime sur lequel Maurras se serait opposé au super-Etat aurait été celui de la culture. »

Il nous paraîtra impossible de méconnaître la portée de ce dernier passage. On a souvent reproché au nationalisme français XXème siècle – et M. Belgion lui-même – sa xénophobie. Il en fut parfois coupable mais plus par accident ou par représailles que par doctrine. On lui a également fait grief de se limiter dans sa théorie à un seul pays : Maurras et Bainville affirmèrent plusieurs fois cette limite-là.

Aujourd'hui, face aux deux empires dévorants qui s'emploient au nivellement planétaire, les nouvelles données économiques et politiques font que le nationalisme vaut pour toutes les nations conscientes d'elles-mêmes (en Europe et en Asie) qui veulent défendre le cadre aux dimensions humaines de leur passé et de leur avenir

Diplomatie
Une diplomatie paralytique
20 septembre 1961

A la conférence de Belgrade, l'Afghanistan a reconnu *de jure* le prétendu g.p.r.a. Peu de temps avant, le Pakistan avait procédé à la même démarche regrettable. Il faut croire que cette incursion dans le mal idéal – et jusqu'ici imaginaire – ne porte ces deux Etats musulmans, que nous tenons pour nos amis, aucun bonheur appréciable. Bien loin, ils viennent de rompre les relations diplomatiques qui les unissaient.

Mais il n'est pas sans intérêt de rechercher une explication générale à cette épidémie de reconnaissance d'un gouvernement fantoche. Cette ineptie ne s'est pas produite isolément. Le débat à l'ONU ne nous a pas donné l'avantage sur le misérable petit despote Bourguiba, virtuose de la provocation et de l'agression tempérées par la bassesse. Non seulement nos adversaires ont voté contre nous, mais les nations qui nous sont proches par toutes sortes d'affinités, nos alliés selon les termes exprès des traités ont consenti à nous donner tort. Dans le meilleur des cas ils se sont abstenus. Il ne s'agit donc pas tellement de se récrier et de s'indigner : devant un tel non-sens, il convient surtout d'en tirer la conclusion nécessaire. La crise de la diplomatie française produit de manière éclatante les erreurs et les contradictions de l'Etat.

Il y a plusieurs années que nous montrons un esprit de compréhension exagéré à l'endroit de ceux qui laissent former contre nous des entreprises dangereuses et mortelles.

A distance, on peut douter si c'est un sentiment de mollesse ou, au contraire, de supériorité, qui nous a poussés à tolérer la réception d'émissaires f.l.n. dans les villes des Etats-Unis. Pourtant, quelles auraient été, quelles seraient les réactions de Washington si nous promenions avec honneur dans Paris des séparatistes noirs de Louisiane, des Texans mal réconciliés et quelques Portoricains non conformistes ? Ce simple exemple prouve qu'il y a toujours eu et qu'il y a encore à notre portée des moyens de représailles assez efficaces. Faites des « cornes sous le manteau » à qui nous cause un préjudice réel ne sert de rien.

Il convient ensuite de traiter des petits Etats, anciennement protégés, que nous avons comblés par des facilités, des aides de tout ordre. Ils se tournent très rapidement contre nous dont ils ne craignent rien et dont ils jugent avoir épuisé les ressources. A ce point, il sera piquant de noter que l'URSS applique mieux que nous la leçon de Richelieu : « L'on peut faire un si bon parti à celui dont la puissance est médiocre (…) que probablement il estimera son utilité préférable à son honneur… »

L'URSS, on le sait, donne peu de choses aux pays sous-développés qu'elle circonvient. Mais la propagande fait de ce néant quelque chose de considérable. La crainte de la brutalité soviétique, si souvent étalée, opère des miracles de docilité et de servilité chez les neutres et chez les adeptes du non-alignement.

Ce n'est donc pas « la faute de la fatalité » si la France fait aujourd'hui figure d'accusée quand elle a le droit moral –

dont elle se garde d'user – de parler en accusatrice et de juger quelques malandrins internationaux ou criminels de guerre. A l'opposé, l'école actuelle de la diplomatie française applique le « surtout, pas de zèle » de Talleyrand de manière très restrictive. Le simple patriotisme lui paraît d'un mauvais goût outrancier. Il lui plaît d'offrir au pays une ration quotidienne d'échecs. Une France qui ne se défend pas, qui s'abstient de riposter, qui ne se protège pas elle-même, ne peut prétendre apporter de l'aide à qui que ce soit.

Le vrai drame de la diplomatie française procède, on le voit, de la crise de la France que Maurras avait diagnostiquée naguère : les Français ne s'aiment pas, ils ne sont pas fiers d'eux-mêmes, ils n'ont devant leur histoire glorieuse aucune piété.

Alors, ceux qui nous aiment à l'étranger, malgré nos défauts et nos faiblesses, nous plaignent mais nous défendent de moins en moins. Quel devoir moral le conduirait-il à être plus Français que les Français ? Pourquoi prendre le parti de la France si la France vote contre elle-même ? Il reste bien quelques adeptes du « pur amour », mais nous serions d'un aveuglement entier ou d'une mauvaise foi totale si nous nous étonnions de leur petit nombre en voie de disparition.

--

Diplomatie
La Corse et la Sardaigne imaginaire
5 octobre 2000

Une mise en page agressive, suivie de suggestions doucereuses et sournoises, voilà ce qu'un journaliste de *Corse-Matin*, après les « accords » ventriloqués dits de Matignon, a publié dans la torpeur du mois d'août.

Il y a d'abord le surtitre *Citée comme modèle pour un nouveau statut pour la Corse* qui révèle un sentiment d'infériorité pathologique, puis le titre lui-même. *L'Exemple de la Sardaigne* : en effet, tout est bon, pourvu que cela vienne de l'étranger, plus précisément d'un étranger qui n'a rien de commun avec nous.

Le statut sarde, comme celui de quatre autres régions italiennes, comporte « des formes et des conditions particulières d'autonomie » et ce depuis 1948, soit cinq ans après la défaite de l'Italie. L'auteur de l'article a sans doute la nostalgie mal refoulée de l'Axe triomphant et de l'occupation de notre île par les fascistes italiens et les nazis. Il ajoute avec délectation : « Radioscopie d'une île qui fonctionne sur le modèle des Länders allemands. » On le voit, *modèle, exemple, modèle encore.* Il semble malheureusement oublier que la Corse fut le premier département français libéré, en 1943, par une armée française sous le commandement des généraux Giraud et Martin. Il semble aussi négliger le fait que l'histoire de la Corse n'est pas celle de la Sardaigne, qu'à cette date, l'unité italienne n'a même pas cent ans alors que la France s'approche d'un millier d'années.

Voyons à présent le « modèle » : « La Sardaigne dispose depuis plus d'un demi-siècle de larges prérogatives (... elle) dispose d'un pouvoir législatif que l'on peut qualifier de partagé… » Les Sardes sont présentés comme dotés d'un véritable esprit civique : « Nulle confusion n'existe entre l'intérêt général et la somme des intérêts particuliers. Voilà sans doute pourquoi l'hémicycle sarde résonne aux accents de débats fréquemment passionnés, mais sur des sujets authentiquement collectifs (…) L'essentiel cependant réside dans la prérogative d'exercer le pouvoir législatif et réglementaire. »

Comme dans les films américains de série B, Jean Poletti a identifié les « méchants ». Il s'agir d'abord d'un dénomme « Paris », mais aussi de Jean-Pierre Chevènement, de Michel Charasse, tous « friands » de « tabous » invectives ou arguties offensantes : voyons plutôt : « Le concept de la réforme est à la mode. Il fleure sur maintes lèvres de nos responsables nationaux ou locaux. Des associations la réclament à cor et à cris du Cap à Bonifacio. Mais Paris confond encore trop souvent cette simple demande citoyenne avec l'on ne sait quelle démarche subversive, dévolue (sic) à porter atteinte à l'unité nationale. »

<u>L'unité française</u>
Il convient de reconnaître une certaine lucidité à Jean Poletti : il a bien compris qu'un moyen assuré de détruire la France et même l'Italie, c'est de prôner une nouvelle « réforme » tous les six mois, c'est d'accélérer ce que l'on nomme drôlement la « construction » européenne. Dans le portrait qu'il brosse de Mario Floris, président actuel de la région de Sardaigne, il montre clairement – et sans doute imprudemment – qu'il est atteint de réformite aigüe. « … Il pense que l'heure est venue de réactualiser certains points du statut, afin qu'il soit en harmonie avec la République italienne, mais aussi avec l'Union européenne, qui sera à ses yeux davantage celle des peuples que celle des régions. Ainsi, par exemple, il revendique une autonomie financière totale, corollaire obligé de l'autonomie politique. Dans ses cartons

figure aussi la modification de la loi électorale. Il souhaite par ailleurs que la Sardaigne s'allie avec les autres îles de la Méditerranée, afin de peser sur les instances de Bruxelles. »

Pour conclure son factum, Jean Poletti fait remarquer que « depuis qu'elle est autonome, la Sardaigne n'a jamais compté un seul élu indépendantiste. » Et pour cause ! Le projet de Mario Floris montre que la Sardaigne tout entière apparaît comme un fruit mûr prêt à se détacher de l'unité italienne. Si nos voisins transalpins s'en accommodent, c'est leur affaire. L'unité française, ce chef-d'œuvre de l'histoire des hommes ne doit en aucun cas subir les manœuvres des singes et des perroquets.

--

Espagne

Les Paradoxes espagnols

13 mars 1957

Il y a eu ces derniers temps quelque agitation en Espagne : des manifestations étudiantes à l'Université de Barcelone et la grève des usagers de tramway. Voilà de quoi réjouir les harpies du progressisme et susciter les commentaires de l'ineffable Mme Elena de la Souchère. Ces appréciations n'offrent cependant qu'un intérêt médiocre ; il importera surtout de définir ici la nature exacte de la crise récente, d'en préciser les limites et d'en évaluer la portée

L'Espagne ne vient en aucune manière de subir une crise politique. Le remaniement ministériel opéré par le général Franco – troisième formation en vingt et un ans de pouvoir – exprime la réalité d'une crise économique très grave. On discernera deux causes principales aux difficultés économiques de l'Espagne : une cause permanente et une cause accidentelle. La première tient à la thésaurisation de capitaux privés considérables par les grands propriétaires fonciers d'Andalousie et les milieux d'affaires de la Catalogne Les uns et les autres sont complètement étrangers aux soucis capitalistes. Ils se bornent à la pratique de l'usure, ce qui met toujours l'Espagne à la merci des capitaux extérieurs (capitaux privés français et anglais avant 1914, crédit américain public aujourd'hui). On verra la seconde cause, accidentelle, dans l'hiver effroyable de l'an dernier où gelèrent une grande partie des plantations d'oliviers et d'agrumes dont l'Espagne est habituellement exportatrice : elle a dû importer cette année

Dans l'ordre économique, le gouvernement de la France est à la merci des Américains. En ce moment, les Espagnols sont privés d'électricité pendant trois jours par semaine ce qui entraîne une demi-paralysie des industries tributaires. Cette crise économique certaine engendre des difficultés sociales et leur forme nous présente le premier paradoxe espagnol.

En effet, la crise touche surtout les classes moyennes. Il n'est pas exagéré de dire que les ouvriers en souffrent peu. On sait que les ouvriers espagnols bénéficient d'une législation protectrice du travail dont les ouvriers français n'ont aucune idée. Si les salaires sont nominativement peu élevés, le coût de la vie est encore exceptionnellement bas et les ouvriers disposent du minimum vital garanti qui joue de manière très efficace.

En revanche, les classes moyennes sont incontestablement victimes de la crise. Les artisans de Catalogne entre autres sont très malheureux et très mécontents. On aura une idée exacte de leurs ennuis quand on saura que plusieurs chefs de famille dans les classes moyennes – comme les Parisiens de Balzac – exercent deux et même trois métiers à la fois. On cite le cas d'un chef de la douane qui, en dehors de ses fonctions de gabelou, enseigne les mathématiques au lycée. La crise aura eu pour effet d'enlever un de leurs emplois et de tarir une source de revenus chez ces représentants des classes moyennes. Aussi tous les mouvements des jours derniers, des chahuts d'étudiants au boycott des tramways, révèlent leur mécontentement.

La politique pure nous conduit à d'autres paradoxes espagnols dont le moindre n'est pas celui de la Succession d'Espagne qui se formule en termes tout à fait originaux. A l'homme habile et clairvoyant, au sincère patriote espagnol que les événements et les faits ont révélés dans le général Franco se pose de manière naturelle la question de sa propre succession. Il existe indéniablement un accord de fait, plus ou moins résigné, de tous les courants espagnols autour du nom du Caudillo. Celui-ci s'efforce de préparer le même accord – ou un assentiment accru – autour de la monarchie qui lui succédera. Au sein de la dictature autoritaire qui est la sienne, il apparaît que la décision lui appartient en dernier ressort. Le remaniement ministériel qu'il a opéré en témoigne. Son souci était de donner le pouvoir à une équipe de techniciens capables d'affronter les problèmes économiques, d'encourager discrètement le goût de l'investissement national et d'apaiser les classes moyennes. Ces efforts s'inscrivent dans un paysage politique très particulier à l'Espagne où tout le monde est profondément catholique, monarchiste ou anarchiste, où le communisme, presque inexistant, n'a pas d'ennemi plus acharné que la Fédération Anarchiste, où il n'y a aucune indifférence en matière de religion.

On se bornera ici à évoquer les deux tendances majeures qui se partagent l'opinion catholique : l'Opus Dei et l'Action Catholique qui furent à l'origine d'accord sur l'essentiel et que des oppositions personnelles aggravées par la fougue espagnole ont durement divisées. On trouve à la tête de l'Opus Dei Juan Ximenès qui s'oppose âprement à Calvo Serrer et Martin Artajo, dirigeants de l'Action Catholique. Dans ce conflit l'Opus Dei qui marque beaucoup de respect pour Don Juan, mais qui est plus favorable à Juan Carlos, l'a emporté et les derniers événements achèvent sa victoire. Dans l'Espagne d'aujourd'hui, la notion de « Républicains » est inactuelle et absolument inexistante. Les Anarchistes et les Socialistes rivalisent dans leur haine farouche des Communistes. Les Anarchistes espagnols sont d'un patriotisme brûlant dont on n'a pas toujours conscience en France et Nesrin a fait son testament en faveur de Franco dans la mesure où il a vu en lui le représentant de la légitimité hispanique. Telles sont les données paradoxales qui influeront sur les règlements de l'avenir. Maurras en avait conscience quand il écrivit : « L'Espagne était une hostie désignée aux fureurs de Marx. Mais la faible construction marxiste y était d'avantage promise à tous les revers.

Etats-Unis

Discours de grands (et moralités)

13 novembre 1957

La plupart des historiens romains remaniaient ou fabriquaient de toutes pièces les discours des grands personnages qu'ils mettaient en scène. Comme ils ne pouvaient atteindre l'exactitude sténographique, et comme ils ne la goûtaient pas, ils présentaient des propos ordonnés suivant les règles classiques de l'éloquence. Rien de semblable aujourd'hui où les orateurs « n'ont pas été longtemps à l'école »[17] et où la presse est submergée de documentation. Tout indignes qu'ils soient de Tite-Live, privés de beauté académique, les discours de M. « K. » et du président Eisenhower méritent cependant l'examen. Le destin des nations dépend des réflexions que les deux Empires émettent par la voix de leurs chefs et des conséquences qui en découleront dans la réalité.

Puisque son discours était aussi un discours de circonstance, M. Khrouchtchev se devait d'expliquer au peuple russe comment quarante ans de révolution communiste signalés par tant de succès n'ont cependant pas permis d'atteindre la prospérité. Et de dire : « C'est la faute à la guerre ! » comme il avait dit : « C'est la faute à Béria. » L'affirmation ne comporte qu'une part de vérité dans la mesure où il fut souvent absurde et inhumain d'imposer le primat de l'industrie lourde à une population affamée.

En revanche, il faut s'accorder avec lui quand il déclare qu' « en dénonçant les erreurs de Staline, le parti a fait preuve de sa puissance... » Quand il ajoute : « Nous ne périrons jamais, car nous ne craignons pas de parler ouvertement de nos faiblesses », cela signifie que la période infantile du fascisme rouge, celle ou le « duce » a toujours raison, a pris fin. Le « nous ne périrons jamais » orgueilleux s'explique par l'assurance certaine d'être moins en danger objectif qu'en 1945. Signalons au passage le couplet imprudent sur les peuples opprimés qui « ont un ami désintéressé en la personne de l'URSS » : Hongrie, Pologne et Cachemire savent de quoi il s'agit. Notons aussi cette vérification des hypothèses de Kissinger : « Les impérialistes comptent bâtir leurs plans sur la division du camp socialiste, attaquant ses membres un à un (...) Cette tactique impérialiste constitue un des plus grands dangers pour le

---

[17] L'expression se trouve dans un apologue prêté à M. Khrouchtchev il y a environ dix jours.

monde socialiste. » Un esprit religieux regimbera devant la parodie sacrilège du Credo dans la phrase : « Notre parti... applique les principes du marxisme créateur et éternellement vivant. » Un esprit tant soit peu politique aura reconnu la balle finale : « l'invitation à une rencontre à l'échelon le plus élevé. »

Il y a plus d'un an que cette invitation, sous une forme ou sous une autre, est envoyée par les Soviets au Département d'Etat. Son but n'est autre que de faire voler l'OTAN en éclats, que ce soit avant ou après le Spoutnik. M. Foster Dulles a été plusieurs fois visité par la tentation et l'accord a bien failli se faire sur un partage du monde peu avant l'expédition de Suez. Il existe encore aux Etats-Unis quelques fumeux attardés qui nourrissent leur intellect de la sinistre politique de Roosevelt. On se souvient que celle-ci consiste, entre autres, à dépouiller les puissances coloniales et, plus généralement, à faire le vide politique sur la planète afin que les deux grands se retrouvent face à face. Ce système, qui se fonde sur l'incroyable postulat de la bonne volonté soviétique, a déjà eu pour résultat de faire gagner à l'URSS la première manche de la guerre froide.[18]

On commence à peine à s'en apercevoir à Washington. L'ex-président Truman, avec sa pétulance habituelle, a proposé ses solutions d'urgence dans un article qui fut reproduit la semaine dernière dans la *Nation Française*. Il semble que le président Eisenhower ait saisi le bien-fondé des arguments pressants de M. Truman. La nomination du

---

[18] Il est plaisant de comparer l'affirmation de M. André Fontaine : « Le mensonge, certes, continue de jouer un rôle capital dans la politique russe et spécialement dans la politique étrangère » à l'opinion d'un sénateur américain : « De tous les dirigeants soviétiques qu'il a rencontrés, c'est le vice-président du Conseil Mikoïan, qui lui a fait la meilleure impression (...) Il m'a paru très sincère » a dit M. Ellender.

doceur Killian comme responsable de l'organisation technologique, de bon augure, correspond terme à terme à une des suggestions de l'article du *New York Times*.

De même, le président Eisenhower a mis l'accent sur la nécessité d'une coopération scientifique entre les alliés. Ainsi finira-t-on la cachotterie ridicule qui a poussé les Etats-Unis, encore imbus de la doctrine rooseveltienne, à refuser à leurs alliés des « secrets » que les Soviets connaissent depuis longtemps. M. Eisenhower a affirmé, ce qui traduit objectivement la situation politique et stratégique d'aujourd'hui : « l'énorme importance que représentent pour les Etats-Unis nos alliés ». C'est enfin dire clairement que si les puissances européennes ont besoin des Etats-Unis, le colosse américain a besoin de plus petit que soi. Peu importe cette fraction de l'opinion si respectueuse devant Washington et ses dons « gratuits » : elle ne nous avait jamais persuadés. Et M. Truman avait écrit excellemment : « Une partie de nos difficultés en politique extérieure est venue de notre échec dans la coopération avec nos amis et alliés dans des zones stratégiquement vitales... » L'ineffable M. Dulles, dans l'île aux Canards, doit se sentir écrasé. Peu importe aussi.

Ce qui comptera, ce sera la manière dont le président Eisenhower et ceux qui travailleront avec lui et après lui, agiront avec la France en ce qui touche la guerre civile d'Algérie ; avec la Grande-Bretagne en ce qui concerne le fantoche Nasser. Il faut choisir des alliés différents suivant que l'on mène une politique de salut général ou de suicide collectif.

Si l'on en revient au discours même du président Eisenhower qui, dans sa substance n'est décevant que pour la volonté d'hégémonie soviétique, on s'attardera à deux détails. Le premier est une légère maladresse : montrer une tête de fusée en affirmant, ce qui est probable, qu'elle a atteint 6.400 kilomètres, ne présente rien de probant pour le spectateur de télévision. On goûte mieux le second détail, l'affirmation négligente d'un engin « Bomare » lancé « l'autre jour ».

M. Khrouchtchev attendait, ou espérait sans attendre, la réédition en plus grave de la folie américaine de novembre dernier. Pour avoir des chances de succès, il eût fallu retarder d'un mois ou deux le lancement des Spoutniks. De l'autre côté de l'Atlantique, l'opinion dormait, prenait M. Dulles pour un homme d'Etat, croyait le problème de la défense résolu et s'apprêtait à ratifier — avec la somnolence que donnent les vapeurs du pétrole — l'abandon de l'Algérie aux terroristes téléguidés de Moscou, puis à laisser tomber l'Europe inutile et incertaine.

Aujourd'hui, l'éveil est donné. L'heure des choix approche. Il convient de se « hâter lentement ». Bien qu'il soit passablement rusé, M. Khrouchtchev a commis un pas de clerc en dressant le calendrier des Spoutniks. En définitive, les moralistes s'accorderont pour trouver — au contraire du *Monde* du 9 novembre — que les discours prononcés par les deux grands ne comptent pas tellement d'outrances et sont très loin de se ramener à la phrase inepte et célèbre : « Nous vaincrons parce que nous sommes les plus forts. » MM. Khrouchtchev et Eisenhower ont reconnu les faiblesses de leurs camps. A défaut d'autre chose, il faut bien constater, par rapport au temps de Mussolini, d'Hitler et de Molotov, une sorte de progrès dans le discours.

--

Etats-Unis

Un plan Kennedy pour supprimer Israël ?

24 avril 1963

Le président Kennedy veut en finir avec la résistance jordanienne au dictateur Nasser, avec le jeune roi Hussein qui incarne l'indépendance de son Etat et qui montre tant de dignité et de courage ; il craint cependant la riposte israélienne à une changement politique et militaire de cette importance. C'est pourquoi, selon le journal israélien *Haaretz*, il aurait fait savoir que « les jours de la monarchie étaient comptés en Jordanie comme en Arabie séoudite » en omettant de dire qu'ils étaient coptés sur l'occupant de la Maison Blanche. Il aurait exigé la neutralité d'Israël devant l'intervention manifeste de Nasser et de ses séides, neutralité qu'il récompenserait en offrant de très vagues assurances. Or, le même président vient de rendre hommage aux combattants héroïques du ghetto de Varsovie. Il a déclaré en outre que leur geste est « un avertissement aux candidats oppresseurs qui restera longtemps dans les mémoires.[19] A partir de là, on peut se demander si le président Kennedy est hypocrite ou stupide. Un jugement trop catégorique serait inexact, il ne tient tout à fait ni de Tartuffe ni de Wilson, il se partage entre les deux.

Malgré les diversions les mieux préparées, malgré les manœuvres plus grossières, il est difficile de ne pas voir que la Jordanie est la pierre angulaire de la paix aux Moyen-Orient. En effet, si le peuple jordanien perd sa liberté, c'est-à-dire si la dynastie hachémite est chassée par les soins de Washington, l'Etat d'Israël serait investi sur toutes ses

---

[19] Voir le *New York Times* du 20 avril 1963

frontières par une armée ennemie sous commandement unique. Après la chute de Bagdad, celle de Damas ; celle d'Amman refermerait l'étau de la haine.

Dans ces circonstances, la moindre concession faite par le gouvernement de Tel-Aviv entraînerait la mort à terme pour l'Etat hébreu. Aujourd'hui on grignote les positions israéliennes ; demain M. Kennedy, fort d'un vote de l'ONU, des exigences de Nasser viendra sommer les Juifs de quitter la Palestine. Il ira sans doute jusqu'à offrir la flotte américaine pour leur transport vers les Amériques ou n'importe où ailleurs que dans la terre de la Bible. Cela serait évidemment plus riant que le traitement ignoble infligé aux Français européens et musulmans d'Algérie. Mais cela reste un malheur que nous ne souhaitons pas aux citoyens d'un pays ami. Nasser tient profondément à la destruction d'Israël et tout au moins à sa disparition ; avec l'équipe Kennedy, les Etats-Unis sont prêts à ménager, par étapes choisies avec soin, la deuxième « solution finale. »[20]

Quelques-uns trouveront nos vues bien pessimistes et rappelleront que les Etats-Unis viennent de prévoir la fourniture de fusées de type « hawk » à Israël. A ce moment, il suffit de préciser certains détails pour que l'on évalue cette arme à son juste mérite : elle ne sera opérationnelle que dans le courant de 1964 ; arme défensive, elle ne protège par l'ensemble du pays ; de plus, cette fusée ne distingue pas un avion ami, d'un avion ennemi ; enfin elle n'et pas suffisamment à l'épreuve des missiles balistiques fabriqués

---

[20] M. Raymond Aron apprécierait une pareille formule.

en Egypte… On voit que les Etats-Unis ne se souvient que très peu d'équilibrer l'armement des deux ennemis.

Dans cette situation, il est surprenant de constater combien la liberté d'Israël dépend de la liberté des Etats arabes voisins ; d'autre part, l'indépendance de ces Etats trouve une bonne garantie dans les forces d'Israël. Sans Nasser, un accord serait possible entre les Etats arabes et Israël. Mais pour le bikbachi, rien n'est moins souhaitable que la réintégration des réfugiés arabes de Palestine : où trouverait-il ses clients sans cette oisiveté et cette misère maintenues à dessein chez les réfugiés ?

Si l'on tente un premier bilan de l'administration Kennedy à travers le monde, on voit qu'il est sinistre. Le Goa portugais a été livré aux mains de Nehru ; les droits légitimes du Pakistan ont été bafoués par le Premier ministre de l'Inde ; la République du Katanga, vrai bastion du monde libre, a été démolie sur l'ordre kennedien ; l'expédition coloniale de Nasser au Yémen se recommande du patronage de l'ONU. En revanche, Cuba reste un pistolet chargé au cœur des Etats-Unis. Les ennemis du monde libre n'ont pas de mauvais traitements à craindre.

Le journaliste américain Sulzberger [21] reconnaît que Nasser, qui n'a pas de « génie militaire », n'en possède pas moins « un don remarquable pour l'intrigue qui (…) l'a bien servi. »

---

[21] *New York Times* du 20 avril 1963

Quelles que soient ces facilités remarquables pour l'intrigue, il est clair que Nasser est par lui-même peu de choses. Quand on s'aperçoit que l'on mobilise les forces matérielles immenses des Etats-Unis pour exécuter la pensée débile du Président, on comprendra que l'ennemi ce n'est même plus Nasser ; l'ennemi c'est Kennedy. [22]

Etats-Unis

Qui paiera la facture ?

14 mars 1973

La classe politique des Etats-Unis tremble à l'idée de voir son pays réduit à n'être plus rien de plus que ce qu'il est.

Les plus zélés des américanolâtres, les plus soumis des américano-esclaves (certains disent, en franglais, américano-slaves), l'écrivent en toutes lettres et même le proclament au micro des postes périphériques : les Etats-Unis préparent contre l'Europe une guerre monétaire, une guerre commerciale. Ils vont même jusqu'à signaler dans l'ordre les deux temps de ce conflit : en premier lieu les monnaies, ensuite les échanges internationaux. Ils rapportent en termes de servilité incomparable – et cependant son changement de parité – que le président Nixon A décidé que 1973 serait l'année de l'Europe ; ils ajoutent que ce serait aussi l'année de la négociation générale sur les tarifs des douanes qu'ils nomment, bizarrement, le « Nixon round ».

<u>La banqueroute américaine</u>

---

[22] Dans les conditions politiques actuelles.

Il est sans doute permis de répondre que les puissances européennes pourraient voir en 1973 l'année d'un reclassement des Etats-Unis : ils y mettraient autant arbitraire que M. Nixon, mais sans doute le feraient-ils avec davantage de moyens.

Car la vérité apparaît de plus en plus : les Etats-Unis sont en banqueroute. Il ne s'agit guère ici d'un mot de polémique. Les définitions ne correspondent que trop : dépenses excessives, emprunts ruineux, ventes au-dessus des cours, manœuvres pour favoriser un créancier aux dépens des autres. Il y a davantage, cette banqueroute est frauduleuse puisque « le failli a soustrait ses livres. » puisse que le Trésor fédéral américain refuse de soutenir la parité du dollar sur les marchés des changes. Il y a mieux encore : les Etats-Unis ont généreusement choisi leurs amis et leurs alliés pour payer leurs déficits. Ils l'exigent.

Cependant tout le monde le voit et le constate : le dollar est bien malade, l'Oncle Sam est nu, grande est la désolation dans l'internationale de l'argent. Quant à « Ugolin, ce vieux vampire » dont parlait le poète Laforgue, il mangerait bien ses enfants « pour leur conserver un père ». Ses appétits seront-ils satisfaits ? On peut estimer que de telles analyses exagèrent les données réelles. Bien au contraire, on pourrait les tenir pour en-deçà de la vérité : devant la limitation accélérée de leurs ressources financières, la classe politique des Etats-Unis tremble À l'idée de les voir réduits à n'être rien de plus que ce qu'ils sont.

<u>Des mots, des mots</u>

On pardonnera peut-être la production d'un document, un peu long certes, mais qui pourra apporter une illustration caractéristique à tout ce qui a été signalé plus haut. Il émane d'un journaliste américain, M. Milton Friedman[23]. Ce dernier estime que la crise est « Bonne pour les Etats-Unis et pour le monde. » (Tout le monde reconnaît dans le style l'humanisme vertueux qui a fleuri depuis le bon président M. Wilson). Il ajoute :

« … Que doivent faire les Etats-Unis ? Suivre une politique de stabilité monétaire intérieure et n'entreprendre aucune action spécifique en quoi que ce soit qui touche à la crise internationale ? Naturellement, nous regrettons les troubles éprouvés par d'autres pays, mais la crise ne présente pour nous aucune difficulté directe vu que nous n'avons aucun engagement nous liant au prix de l'or ou aux taux d'autres monnaies. Nous avons effectivement dit au monde : un dollar est un dollar (c'est nous qui soulignons). Vous êtes libres d'acheter ou de vendre des dollars au prix que vous voudrez, de les utiliser pour des achats ou des investissements aux Etats-Unis, ou de les garder. Nous ne nous mêlerons pas de l'usage que vous en ferez. Nous n'essaierons pas de fixer le prix du dollar en relation avec d'autres monnaies.

« Là est la politique convenable. C'est d'ailleurs la politique que même le président Nixon (notons par exemple l'engagement qu'il a pris récemment de supprimer tout contrôle sur les mouvements de capitaux À la fin de 1974.)

---

[23] Dans l'hebdomadaire Newsweek en date du 12 mars 1973.

« L'économie des Etats-Unis est forte. Nous avons su restreindre l'inflation avec plus de succès que la plupart des autres nations du monde. Nous demeurons dans le monde la puissance économique dominante. Dans ces conditions, des Etats-Unis peuvent servir le monde au mieux en maintenant saine leur propre économie et en évitant l'inflation (sic). Si nous faisons cela, le dollar demeurera la principale monnaie internationale (resic). »

<u>La méthode Coué ?</u>

On a vu que l'excellent M. Friedman veut soutenir le dollar avec de vaines paroles. C'est avoué bien imprudemment que cette banqueroute monétaire s'accompagne d'une banqueroute politique et s'achève par une banqueroute morale.

Il sera fait appel cette fois à un autre journaliste américain, M. Russell Baker, qui s'interroge sur l'efficacité de la méthode Coué.[24]

« … L'exemple le plus célèbre de solution politique par déclaration a été, à une époque récente, la proposition du sénateur Georges Aiken en vue de terminer la guerre du Vietnam. Il suffisait, selon lui, que les Etats-Unis annonçassent qu'ils avaient gagné la guerre et qu'ils se retiraient.

« C'est en fait la solution que MM. Nixon et Kissinger ont finalement adoptée (après avoir essayé pendant quatre ans une solution plus musclée qu'ils jugèrent impraticable). »

---

[24] Herald Tribune du 9 mars 1973.

La méthode Coué ne suffit pas toujours. Elle est aussi inopérante en morale. Depuis 1918, les Etats-Unis ont accablé le monde de leçons de morale en s'appropriant les ressources de plusieurs nations. Nous demandons rien d'autre qu'un renversement de la tendance qui insiste sur ce que les faits dessinent déjà. « Il y a deux solutions possibles : le crime qui nous rend heureux, ou la corde qui nous empêche d'être malheureux », telle est la formule sadienne qui paraît adoptée par les autorités monétaires américaines. Il n'y aurait rien d'extravagant, pour les puissances européennes, à repousser ce sophisme monstrueux, à inviter les Etats-Unis à une plus exacte mesure des nouvelles réalités.

--

Etats-Unis
Le déclin financier des Etats-Unis

6 juin 1973

La chute libre du dollar traduit davantage une crise grave de l'économie américaine qu'elle ne manifeste les manœuvres des spéculateurs. Ces phénomènes résultent de causes extrêmement nombreuses qui pourraient se résumer en une seule : les Etats-Unis dépensent beaucoup plus qu'ils ne produisent. Ce genre de vie, ils le pratiquent depuis longtemps en payant le reste du monde en monnaie de singe, c'est-à-dire en dollar-assignat.[25] Aujourd'hui les échéances se rapprochent : les gouvernements américains voudraient les fuir en niant la réalité. Une illusion aussi malsaine que

---

[25] Que l'on nomme parfois, curieusement, « eurodollar ».

malhonnête les pousse à vouloir faire cesser leur fièvre en cassant le thermomètre, en bref à tenter de détruire l'économie du Marché Commun qui leur remontre, de façon cuisante, tout le retard qu'ils on pris.

Pour aboutir dans cette besogne de sabotage, ils disposent d'une aide non négligeable, celle des *larbins*[26]. Mais l'expérience montre que les larbins sont beaucoup moins dangereux à partir du moment où leur livrée apparaît sous leur veston. Leur race se divise en deux grandes variétés : les larbins continentaux et les larbins insulaires.

On se souvient du bon M. Spaak qui offrit aux « larbins » du continent, leur plus belle illustration : dans sa longue carrière, ce social-démocrate donna souvent l'impression de représenter en Belgique des intérêts étrangers à son pays.

Appartiennent eux aussi à cette catégorie bien patibulaire M. Luns, des Pays-Bas (à qui l'on reprocherait moins ses réactions systématiquement anti-françaises que son indifférence permanente à l'égard des réalités) et quelques honorables journalistes de France qui soutiennent *toutes* les thèses américaines, indépendamment des faits, sans le moindre examen.

Les larbins insulaires

---

[26] Nous ne nous nourrissons aucune hostilité de principe contre une alliance américaine, à condition qu'elle soit conclue dans l'indépendance et qu'elle stipule et pratique la réciprocité.

Quant aux larbins insulaires – et nous entendons ici les îles britanniques – ils ressemblent aux continentaux dans la mesure où ils sont eux aussi, plus remuants que nombreux. On les rencontre souvent dans les feuilles financières qui se prétendent « internationales », c'est-à-dire qui représentent, au sens strict du terme, les intérêts nationaux américains. Pour ces braves gens, la France indépendante n'existe plus. En conséquence, la Grande-Bretagne n'a désormais de vraie représentation diplomatique, sur le continent, qu'à Bruxelles. Le proconsul se nomme Sir Christopher Soames.

Les observateurs ont vite compris que Sir Christopher ne représente guère la Grande-Bretagne, encore moins l'Europe. Pour l'ambition, le personnage rêve d'être le maître d'hôtel de la valetaille européenne ; pour la voix, il s'agit seulement d'un ventre, celui du ventriloque américain qui feindrait le dialogue en échangeant des répliques avec lui-même.[27]

Si les larbins aiment d'ordinaire aller au secours de la victoire, ils doivent être aujourd'hui bien contrits, tant les Etats-Unis étalent de faiblesse : au déficit commercial, à l'effritement du dollar, s'ajoute depuis un mois ce que la revue *Newsweek*[28] nomme « l'érosion de l'influence présidentielle ». Il y a plus, le même hebdomadaire rapporte que les Soviétiques s'inquiètent ; si M. Nixon continue de s'affaiblir politiquement, il ne pourra s'entendre avec eux,

---

[27] Quand le communiqué Heath-Pompidou parle d'accroître l'importance de la commission de Bruxelles, on peut craindre le pire : il n'est question de rien d'autre que de grossir Sir Christopher.

[28] Newsweek du 28 mai 1973.

comme ils l'entendaient, au détriment des pays du monde libre. Il n'est pas déplaisant de voir ces calculs cyniques si rapidement déjoués.

Le déclin

Dans un article plein de mélancolie, M. Henry C. Wallich envisage le jour où les Etats-Unis cesseraient d'être le pays le plus riche du monde :

« (…) Nous exigerons des hausses de salaires plus importantes que ne le permettront les gains en productivité. Nous essaierons d'élever notre niveau de consommation en faisant des coupes sombres dans nos réserves, rendant ainsi la croissance encore plus lente. Nous nous opposerons à l'augmentation des impôts avec plus de ténacité et nous priverons le secteur public des fonds qu'il requiert pour agir sur la misère, l'environnement, l'instruction et la défense (…) Notre rôle International déclinera (…). »[29] Constatons que l'auteur emploie le futur pour des processus déjà entamés.

« L'Etat le plus protectionniste du monde fait la guerre à nos défenses industrielles, commerciales et agricoles. L'Etat le plus nationaliste du monde enseigne non moins évidemment le nécessaire dépassement des (autres) nations. Enfin, le système politique le plus canaille qui soit, d'autant plus canaille qu'il fait la morale à l'univers étonné, réussit encore à se donner pour modèle à quelques Européens ou Français, d'aventure moins désireux de rester eux-mêmes qu'envieux de singer une vigueur si démocratique. »

Philippe de Saint-Robert, in
Le Point,
14 mai 1973

---

[29] idem

Il faut bien dire que ces faiblesses indiscutables s'accompagnent d'une impudence déconcertante : car enfin, M. Nixon, comme la Perrette de la fable, suppute tous les avantages du pot au lait européen. Si par la trahison des partenaires de la France, il parvenait à annuler les avantages commerciaux européens, il infligerait à l'Europe des « traités inégaux » comme l'Angleterre et la Russie en imposèrent à la Chine au XIXe siècle. Du même coup – et comme auparavant – les Etats-Unis seraient d'autant plus riches qu'ils ruineraient plus de monde. En effet, ils prêteraient généreusement des florins hollandais aux Soviétiques ; ils avanceraient des francs belges et luxembourgeois aux Chinois ; ils répandraient des francs français pour réparer les destructions causées par leurs armes au Vietnam du Nord ; ils rafleraient les intérêts de tous ces prêts généreux consentis avec les ressources qu'ils ne possèdent pas, et ils se réserveraient bien entendu un droit de regard sur le principal. Le tout permettrait joliment de perpétuer l'imposture au prix d'une collection d'escroqueries.

Mais, dira-t-on, en compensation de cet agréable « hold-up », les Etats-Unis assurent la défense de l'Europe. Ce qui est clair, si cela est vrai, c'est qu'ils assureraient leur propre défense. L'Europe tout entière esclave du monde communiste, on n'imagine guère ce qu'il resterait de liberté américaine. On sait d'autre part, selon les plus hautes autorités américaines, que la riposte atomique massive n'interviendrait qu'après bien des coups reçus.

En outre, il faudrait être amnésique pour oublier que les Etats-Unis ont combattu les intérêts des Pays-Bas, de la Belgique, de la Grande-Bretagne et de la France dans toutes les parties du monde – et même en Europe. A la thèse arrogante et somnambulesque de M. Kissinger selon qui l'Europe est une région livrée aux impérialistes, la thèse française doit être – sous peine de trahison – que les impérialismes trouveront leurs limites en se heurtant à l'Europe des patries.

--

Etats-Unis
Les ressources canadiennes et le vampire de Washington

23 janvier 1974

Un premier voyage dans la province de Québec – et dans celle de l'Ontario –communique un flot d'impressions et de réflexions diverses. Pour ce qui est du Canada français, il est délicieusement vertigineux de trouver soudain une France populaire, chrétienne et royale, préservée non seulement des souillures de la révolution de 1793, mais aussi des atteintes du jansénisme. Une belle chanson québécoise clame fièrement : « mon pays, c'est l'hiver ! » ; il est bien vrai que la neige ne manque pas ; mais il reste que dans ces immenses pays de glace, il fait bon dans les maisons et que la société y est cordiale et chaleureuse.

Donc ce que nous appellerons par commodité d'expression, le Canada britannique, il convient de souligner combien il est différent des Etats-Unis et marqué de l'influence de l'Europe. Un essai de présentation de chacun de ces Canadas nécessiterait de longs développements. Nous nous limiterons à un seul aspect de la question : la solidarité effective de ces deux provinces devant la menace effrayante et cynique des Etats-Unis.

<u>Au service des U.S.A.</u>

La dénonciation des visées de Washington a été faite avec talent, avec une redoutable clarté, par un Canadien anglais du nom de Jim Laxer[30]. L'avenir montrera peut-être que ce n'est pas du tout par hasard qu'une telle démarche vient de la communauté anglophone. Cette étude nous paraît si importante, Elle procure une grille si commode pour distinguer ce qui compte dans la réalité quotidienne, que nous estimons utile d'en présenter ici une analyse.

Dans le premier chapitre de son ouvrage, M. Jim Laxer signale l'orientation directrice des menées de Washington : une politique continentale de l'énergie, formule qui sonne bien. Le chapitre deux montre que cette politique trouve son effet dans l'économie canadienne : le Canada exporte des matières premières aux Etats-Unis. Une tendance de l'activité, par son ampleur entraîne colonisation de fait et régression économique. Avec le troisième chapitre on aborde À côté proprement infernal des relations : le

---

[30] Au service des U.S.A.- (traduit de l'anglais. Edition Parti Pris, Montréal 1972) nous transcrivons ici le sigle U.S.A. au lieu de E.U. pour reproduire strictement la référence.

Canada vend à bon compte ses productions aux E.U. Ces derniers craignent d'en manquer un jour.

C'est ainsi qu'ils proposent à la Fédération canadienne une alliance à perpétuité synonyme de colonialisme éternel. Acheter pétrole, nickel, hydro électricité à bas prix ne suffit pas à l'appétit du vautour des E.U. La saignée se veut progressive d'où le chapitre quatre : comment dépouiller le Canada de ses immenses ressources en eau. Le cinquième et dernier chapitre – à l'intention des sceptiques – administre la preuve des dangers encourus avec l'exemple de Calgary, que M. Laxer qualifie « d'Hiroshima économique et culturel » et figure la ville –témoin sinistrée par une mainmise totale des Etats-Unis. Il n'y a point d'apprêts rhétoriques dans les 78 pages de M. Laxer qui insiste avec force sur la notion fondamentale des ressources énergétiques.

<u>Contre la gloutonnerie économique</u>
On constate l'emploi de notions analogues dans le jargon que Washington utilise chaque fois qu'il a soumis ou cru soumettre des régions entières à sa gloutonnerie économique. On l'a vu naguère en Europe. Ou l'a revu en août 1964 à Harrison Hot Springs, en Colombie britannique, dans une conférence tenue sous les auspices de l'université de la province et de l'université de Columbia. Il s'agissait d'exalter le mauvais traité du fleuve Columbia. On pouvait lire :

« Le Canada et les Etats-Unis sont sur la voie d'une nouvelle politique extrêmement significative pour le développement de leurs ressources énergétiques et plus particulièrement de leurs ressources hydrauliques, sur une échelle continentale. De récentes découvertes technologiques, qui ont diminué l'importance de la frontière, ont éveillé au sein des deux pays un désir croissant d'accepter un degré d'intégration encourageante. »[31]

La jobardise scientiste, l'humanitarisme affiché, le cynisme lyrique : cet assemblage étrange nous le reverrons souvent.

Dans le même « esprit », en décembre 1969, M. Greene, ministre canadien de l'Energie déclarait à Washington qu'il verrait avec faveur un accord continental sur les ressources énergétiques, accord qui « servirait les intérêts des deux pays et de leurs citoyens, sans tenir compte de la frontière imaginaire. » Ces propos causèrent une grande émotion au Canada.

Relégués dans la production et la vente des matières premières « ... Les Canadiens seront obligés d'acheter de plus en plus de biens manufacturés en provenance des E.U. A la longue, nous devrons acheter des produits dont les prix monteront beaucoup plus rapidement que ceux des produits que nous vendrons. Nous serons donc réduits À vendre davantage de matières premières afin de pouvoir acheter la même quantité de produits manufacturés. C'est en suivant cette même route que s'est tant appauvrie l'Amérique. »

---

[31] Cf. Higgings, Larratt.- The Alienation of Canadian resources : the case of the Columbia River Treaty, Toronto, 1970.

Le rapport Schultz, rédigé à Washington en février 1970, constate, dans son étude sur l'importation accrue du pétrole canadien, que 71 % des dollars américains importés au Canada par des sociétés américaines en vue de financer leurs opérations, retournent aux Etats-Unis la même année sous forme de profits ou d'achats.

Il suffit de lire la presse canadienne, À Montréal et à Québec pour comprendre que M. Laxer ne nourrit pas d'inquiétudes exagérées. En effet, en date du 28 décembre dernier, *La Presse de Montréal* signalait : « L'Hydro-Québec A été autorisée, à cause (…) d'une situation d'urgence dans l'État de New York, à exporter de l'énergie hydroélectrique (…) du 1er janvier au 30 juin. L'office de l'énergie précise que l'exportation pourrait atteindre 750 milliards de watts-heures. »

Un complément d'information était apporté le lendemain par un quotidien de Québec, *Le Soleil.* Un accord de fournitures d'énergie électrique serait signé pour une période de 20 ans commençant en juin 1977.

Résister

Les besoins, les visées les Etats-Unis apparaissent insatiables : ils ne trouveront de limites que dans les résistances qui leur seront opposées. Dans cette entreprise, un grand pays comme le Canada ne devraient pas se sentir isolé. L'insolente déclaration Monroe a fait son temps : pour éviter au Canada tout entier le sort de la ville pétrolière de Calgary ou selon Jim Laxer, s'imposèrent « la stérilité, la brutalité et le matérialisme grossier qui caractérisent le Texas et l'Oklahoma », la Grande-Bretagne, la France, d'autres pays d'Europe occidentale, pourraient utilement intervenir.

--

France
Intrigues texanes pour désorienter l'Orient
1er avril 2004

La grande escroquerie du gouvernement actuel des France a trouvé son nom de code : cela s'appelle le « Grand Moyen-Orient », cela vise une « région » qui s'étend de la Mauritanie au Pakistan. Cet immense territoire est « invité » à se plier aux diktats de Washington qui entend imposer à ces peuples divers la corruption démocratique à la manière yankee. M. Marc Grossman, envoyé de Colin Powell, a rencontré quelque froideur dans les pays arabes non occupés et quelque bon sens chez ses interlocuteurs européens. Ces derniers comprennent très bien que la « démocratie » imposée par les bombardements ne pourrait qu'entraîner un raz-de-marée « islamiste » défigurant l'islam véritable pour de longues années.

Le sinistre retour du « wilsonisme »

On ne peut s'empêcher de reconnaître une certaine analogie entre le président Bush et le président Wilson. L'un et l'autre sont ou se déclarent persuadés qu'ils sont les envoyés de Dieu. L'un et l'autre n'ont pas besoin d'alliés mais, selon la forte parole du président Chirac, « d'esclaves ». Wilson, mutilant l'Europe, « en ignorant et fanatique », a fait le lit de Hitler ; Bush, également ignorant et fanatique, a fabriqué Ben Laden en attendant mieux.

Pour connaître et comprendre Woodrow Wilson, nous disposons d'un document exceptionnel qui mériterait d'être davantage connu : il ne s'agit de rien moins que de sa psychanalyse effectuée par Freud lui-même.[32] Nous disposons en outre d'un commentaire prophétique rédigé par Charles Maurras.[33]

En abordant l'étude psychologique du président Wilson, Sigmund Freud avoue, avec beaucoup de franchise, que « la personne du président américain, telle qu'elle s'est élevée à l'horizon de l'Europe, m'a été, dès le début, antipathique, et que cette aversion a augmenté avec les années à mesure que j'en savais davantage sur lui et que nous souffrions plus profondément des conséquences de son intrusion dans notre destinée. »

Freud montre que « les faits étaient terriblement en contradiction avec ses désirs. Et selon ce qui était devenu chez lui une habitude, il évita ce dilemme en les ignorant (…) Il arrivait à être persuadé par ses propres paroles. Peu à peu, il y croyait fermement. »

Observateur du troisième aspect du président Wilson, Maurras le met en garde avec clairvoyance : « Je promets à M. Wilson de beaux étonnements sur la variété du « jugement moral du monde » s'il a le malheur de se fier à cette dernière et crépusculaire idole de la fantasmagorie criticiste. » La suite des événements réalisa vite cette promesse. Plus loin, Maurras signale la réaction lucide d'un journal new-yorkais : « Les libres esprits du *New York Tribune* en venaient à crier comme nous : « *Il ne prépare pas la paix, mais la guerre.* »

<u>Un colonialisme de prédation</u>

---

[32] *Le président T.W. Wilson, portrait psychologique* par Sigmund Freud et William C. Bullit. Editions Albin Michel, 1967.
[33] *Les Trois aspects du président Wilson*, par Charles Maurras. Editions Nouvelle Librairie Nationale, 1920.

Le président Bush s'est fait le « croisé » du mensonge, avec impudence et arrogance s'est auto-proclamé le « chevalier du bien » et défend en réalité non de légitimes intérêts mais des entreprises avides de pillages tous azimuts. La grande idée du prétendu et flou « Grand Moyen-Orient » consiste à détruire toutes les structures sociales des pays arabes et musulmans, de leur imposer la régression vers le neuvième siècle par la relance du terrorisme afin de pouvoir dépouiller ces populations de toutes leurs richesses minières en les ayant au préalable abruties et crétinisées.

Dans ce sinistre projet, il convient aussi de les priver de leurs langues, de leur originalité, de leur spécificité. Au temps de Wilson déjà, comme aujourd'hui, il y avait ce que Maurras appelait les « petits Français », c'est-à-dire les journalistes partisans d'une petite France bien soumise aux vues d'un président étranger.

<u>Tartufferie</u>

Il est urgent de porter un coup d'arrêt – et d'abord dans l'opinion – à la tartufferie moralisante de la non-dissémination nucléaire.

Notons d'abord que le gouvernement qui dispose aujourd'hui du plus grand nombre d'armes de destruction massive est celui de Washington.

Tout Etat qui dispose de l'arme atomique a des chances de se voir respecté par le gouvernement de Washington.

Il n'y a aucun souci humanitaire dans la lutte contre la dissémination mais l'inquiétude de ce gouvernement de voir disparaître son hégémonie totalitaire.

La dissémination nucléaire a empêché une troisième guerre mondiale de 1945 à la chute du mur de Berlin. Cette même dissémination a permis une entente entre l'Inde et le Pakistan qui seraient depuis longtemps aux prises sans cet équilibre de la terreur.

Il faut rendre hommage au président Pervez Musharraf du Pakistan qui a bien démontré, à un journaliste énervé du *Figaro Magazine*, que le gouvernement de Washington – qui inventa de toutes pièces les Taliban – jouait de façon pitoyable le rôle de pyromane repenti devenu pompier.

Pour que la dictature hégémonique n'accable plus, ou n'accable pas les nations, il conviendrait de doter de l'arme atomique la Suisse, Monaco, Saint-Marin. De sorte qu'un Goliath monstrueux et pervers, qui se moque du droit des gens et de la civilisation, s'adresse désormais à ces Etats avec respect.

--

Etats-Unis
Précis texan de francophobie hystérique
Juin 2005

Le volume intitulé *Maudits Français !* paraît encore plus explicite dans sa version originale[34] : *Our oldest Enemy. A History of America's desastrous relationship with France* (soit : Notre plus vieil ennemi. Une histoire de la désastreuse relation de l'Amérique avec la France).

Ce factum de Miller et Molesky juxtapose une érudition de myope - qui s'attarde sur des riens - et des carences d'aphasique qui escamotent des réalités essentielles.

---

[34] Traduit de l'anglais et publié aux Editions Saint-Simon, 2005.

Il fait l'éloge inconditionnel des actions les plus contestables menées par le gouvernement des Etats-Unis depuis les origines et dénigre systématiquement tout ce qui est français. Il mêle le vrai et le faux sans se soucier des contradictions. Les folliculaires qui en sont les auteurs témoignent d'une redoutable absence de culture, parfois d'une sorte de puérilité mentale. Leur style affiche une vulgarité soutenue. Bien heureusement, ils ne sont guère représentatifs des élites d'outre-Atlantique.

Quelques exemples de la manière de Miller et Molesky méritent d'être donnés et leur énumération sera loin d'être exhaustive. Ils écrivent froidement : « En rejetant les conseils de Woodrow Wilson et en exigeant des réparations lourdes et humiliantes, la France avait sapé les bases de la jeune démocratie allemande et semé la plupart des germes de la seconde guerre mondiale, conflit dans lequel l'intervention américaine fut de nouveau requise », ce qui prouve une charmante et fraîche naïveté : la victoire française de 1918 nous fut volée par Wilson qui cessa d'être notre allié pour devenir un arbitre. En reconstruisant l'Allemagne, Wilson et Lloyd George faisaient le lit de Hitler. Il convient d'ajouter que c'est Hitler qui déclara la guerre aux Etats-Unis et non l'inverse. D'autres part le conseiller de Wilson, dit « colonel » House était aussi « colonel » que Wilson était Dalaï-Lama.

Notons encore une saisissante évocation de l'Empereur prisonnier : « Napoléon passa la fin de ses jours en exil à Sainte-Hélène où il tricha aux cartes et accusa les Britanniques de vouloir l'empoisonner. »

Et comme nos plumitifs s'intéressent à nos grands hommes à leur façon, ils évoquent « Le maréchal Pétain, âgé de 86 ans, Don Juan sans grande intelligence et héros de la première guerre mondiale, qui remplaça Paul Reynaud ». Ou

« De tous les Français arrogants qui défièrent les Américains,
De Gaulle fut le pire. »

--

Etats-Unis
La canne blanche de l'oncle Sam
Article publié en 2015

Le passé, proche ou lointain, peut nous apporter de précieux enseignements pour le présent considéré et de comprendre suffisamment afin de constituer un avenir. Dans un *Bloc Notes* publié en 1956, François Mauriac rappelle quelques faits indiscutables en évoquant ce qu'il faut bien nommer le « pharisaïsme yankee » - qui n'a rien à envier à la superbe loyauté d'Albion :

… Il est amer de s'entendre traiter de « colonialistes » par les exterminateurs de la race rouge, par les derniers esclavagistes européens et dont le cheptel en pleine ère victorienne, appartenait encore à l'espèce humaine. Et comment aujourd'hui ils traitent les fils de leurs esclaves, le monde entier le voit.

Il faudrait avoir le loisir d'étudier de près le statut actuel des Philippines, de Cuba, des îles Hawaï, de Porto-Rico, de l'Alaska. Nous verrions que les Américains sont passés maîtres de s'en aller tout en ne partant pas. Ils auraient beaucoup à nous apprendre sur ce point.

Cela dit, je me tourne vers les hommes politiques français et je leur dis : Si nous sommes réduits à recevoir des leçons de ce grand peuple exterminateur (quel peintre d'histoire aura brassé par sa palette autant de rouge, de noir et de jaune que celui-là ?), si nous n'osons ouvrir la bouche, n'est-ce pas <u>parce que nous nous sommes livrés à lui ?</u> Depuis que le général De Gaulle a quitté les affaires quelle politique autre avez-vous eue que de mettre dans tous les ordres, la France à la discrétion des Américains ? Pas pour rien, je vous l'accorde, et par mille canaux notre budget a été irrigué. Eux cependant s'installaient chez nous et chez les peuples protégés ou associés, partout où ils le jugeaient bon. Non sans raison ? Je vous l'accorde encore Staline était vivant. L'horrible épouvantail répondait à tout – à toutes les occupations de territoires, à toutes nos exigences de dollars.

Staline a fermé ses yeux de blaireau. L'épouvantail a été abattu. A tort ou à raison, la Russie soviétique ne fait plus peur à M. Dulles, ni la France ne l'inquiète plus, qui n'était redoutable pour Washington que parce qu'elle détenait le parti communiste le plus nombreux d'Occident.

--

France - Corse
La Corse, atout décisif
8 octobre 1958

Après la journée algéroise du 13 mai, la Corse fut la deuxième province de France libérée par le système. Les choses allaient vite. Le génie national se réveillait. Malgré toutes ses tentatives, la IVème République n'avait pu livrer l'Algérie. Elle n'avait jamais su gouverner la France et elle atteignait le moment où elle ne pouvait plus se défendre elle-même. Le témoignage d'un acteur essentiel de cette libération, celui de M. Pascal Arrighi, se lit comme un roman d'aventure [35] qui réunirait l'imagination d'Alexandre Dumas et la finesse de Stendhal.

Le livre de M. Arrighi est écrit sans haine contre les adversaires qu'il traite, M. Mendès-France compris, avec courtoisie. En revanche, il montre un juste mépris pour des institutions débiles et odieuses qu'il condamne en quelques mots :

La IVème République est morte et ne renaîtra pas. Elle ne mérite pas de regrets car elle n'a été que l'ombre d'une république.

On voit par là qu'il forme un document que l'histoire retiendra. Il n'en sera pas de même de la brochure où M. Jean Ferniot [36] étale, à propos de la IVème, une sensiblerie de bien mauvais goût, qu'il s'agisse de morale ou de littérature. Ce dernier ose écrire en effet avec sérieux :

Elle est morte seule sans amis à son chevet.

On conviendra que le destin a parfois des fantaisies d'humoriste quand on saura que M. Arrighi devait participer à une mission parlementaire qui aurait dû quitter Paris le 15 mai pour le pôle Nord, Tokio et Téhéran… En fait, il s'éclipsait de la capitale le même jour que M. Soustelle, soit le vendredi 16 mai. Voici comment :

---

[35] *La Corse, atout décisif,* aux Editions Plon.
[36] *Les Ides de Mai,* aux Editions Plon.

Biaggi, qu'aucun régime ne pourra jamais garder en prison, avait organisé pour les anciens des commandos une filière d'évasion. C'est ainsi que je fus contacté par Pierre Auerback qui organisa mon passage à Bruxelles et ensuite de Madrid à Alger.

Le 19 mai à vingt heures, Pascal Arrighi était acclamé au Forum après avoir visité l'exposition de Bruxelles et connu un intermède à Ibiza. Maurras aurait été ravi de lire le récit de l'évasion de Jacques Soustelle auquel il aurait prêté un côté « Mademoiselle Monk ». Il est difficile de résister au plaisir de le citer entièrement :

Le général de Bénouville s'était entretenu des moyens de départ avec M. Geoffroy de La Tour du Pin, diplomate de talent, volontairement en disponibilité, et qui, de ce fait, avait quelques loisirs. M. de La Tour du Pin se souvint qu'une de ses amies, d'origine brésilienne, habitait le même immeuble que M. Soustelle. Fille du propriétaire de cet immeuble, elle avait le droit de garer sa « Dauphine » jusque sous la voûte. Allant et venant constamment, sa physionomie était connue des policiers et elle n'attirait pas les soupçons. L'affaire faillit rater, car cette jeune femme avait été priée par son mari de l'accompagner au golf. Mais les dieux de la liberté étaient avec elle et au dernier moment tout s'arrangea. Enroulé dans une couverture, M. Soustelle sortie de son appartement situé au rez-de-chaussée et fut projeté au fond de la « Dauphine » qui avait été débarrassée de sa banquette arrière. Sur les sièges avant, M. de La Tour du Pin et son amie devisaient gaiement. Que peuvent faire, dans ce cas, ceux qui voient ce spectacle ? Même s'ils sont policiers, ils admirent la femme et envient son galant. Il n'était pas question de scruter le fond de la voiture.

Tout le monde connaît la suite.

Deux jours après son arrivée à Alger, M. Arrighi parla à Radio-Alger. S'adressant à ses compatriotes de Corse, il déclara que c'était à eux de donner l'exemple aux départements de la Métropole, de reformer l'unité nationale autour du général De Gaulle et de créer des Comités de salut public. Selon l'idée de M. Soustelle, il termina par quelques mots en dialecte corse.

Le 24 mai, à 5h15 du matin, atterrissait à l'aérodrome de Sainte-Catherine, près de Calvi, un avion parti d'Alger avec à son bord une équipe corse. La mission était dotée d'instructions simples, mais peu explicites, sauf sur un point :

Les Corses étaient-ils disposés à créer des Comités de salut public et à appuyer le mouvement d'Alger ? Mais en aucun cas, il ne fallait provoquer une effusion de sang.

Il n'y eut heureusement que les effusions verbales du premier adjoint au maire de Bastia, Me de Casalta qui porta pour quelques heures le titre illégal et ridicule de « chargé de mission pour Jules Moch, ministre de l'Intérieur » pour s'opposer à la libération de l'île. A Bastia même, M. Pancho Negroni, deuxième adjoint radical au maire de Bastia, formait un Comité de salut public avec M. Mattei. La Corse tout entière exultait d'enthousiasme. Au journaliste qui lui demande s'il y a eu des morts et des blessés, M. Arrighi répond : *Ce ne sont pas des élections.* Si l'on songe que, lors des dernières élections cantonales, il y eut en Corse plusieurs morts, ce mot mérite la célébrité.

Nul ne pourra contester que l'équipée corse précipita tout. Les hommes du système s'écrièrent à la mode brissonesque : *C'en est assez !* ou *C'en est trop !* Mais force est d'admettre que « Le 24 mai, le Comité d'Ajaccio réclamait un gouvernement de Salut public » et que « le 1er juin, le général De Gaulle était investi. En huit jours, la Corse avait modifié de fond en comble le climat parisien. »

Pascal Arrighi précise les trois conséquences de l'affaire d'Ajaccio : un compromis entre Alger et « Paris » devenait inconcevable et impossible ; l'appareil de l'Etat échappait entièrement au gouvernement ; l'Assemblée investirait le général De Gaulle, ou bien elle accepterait délibérément le risque d'une guerre civile.

Il sera impossible à l'historien de cette période de taire que, si le cabinet Pflimlin ne versa pas de sang français, ce ne fut point par vertu ou grandeur d'âme, mais par une impuissance. Il gardera le souvenir de trois vilénies inefficaces, mais caractérisées. Le gouvernement de la IVème République essaya d'affamer l'Algérie en lui imposant le blocus ; M. Gazier déforma intentionnellement le chiffre des pertes françaises et Alger le démentait sans réplique quelques heures plus tard ; enfin, si le sang ne fut pas versé en Corse et dans d'autres provinces, c'est que le ministre de l'Intérieur n'arrivait pas à se faire obéir.

La Corse, atout décisif aura vraisemblablement beaucoup de lecteurs parmi le peuple français.

--

France - Corse

Le Patriotisme Corse est Français

août-septembre 1982
La Revue Universelle

« Depuis deux siècles, les Corses ne reconnaissent d'autre patrie que la France. Depuis deux siècles, la Corse appartient à la patrie commune de tous les Français. La Corse a été au cours de la Deuxième Guerre mondiale le premier département français libéré. » Rappeler des vérités aussi évidentes devrait faire rougir toute personne de bon sens. Nous vivons cependant une époque étrange, l'erreur grossière et le mensonge caractérisés ont une telle part dans « l'information » de nos concitoyens, l'État enfin remplit si mal son devoir de protection nationale, qu'il ne faut pas craindre d'inviter simplement nos compatriotes à reconnaître d'indiscutables réalités.

Il convient en premier lieu de dégonfler la monstrueuse baudruche du prétendu « autonomisme » et donc de définir le recrutement des séparatistes. Peu de continentaux savent que le père du Dr Simeoni, un bien brave homme au demeurant, avait des attaches très marquées avec le fascisme mussolinien. L'agitation du groupe de M. Siméoni, autrefois meurtrière et toujours grandiloquente, vise à servir une colonie à l'Italie actuelle, à livrer une partie du territoire français. L'ironie des choses veut que les braillards les plus excités à honnir le « colonialisme » français se recrutent parmi les Italiens très coloniaux, installés en Corse de fraîche date, et à qui la République a stupidement accordé la   nationalité   française.

Les atteintes actuelles - ou potentielles - à la sécurité intérieure de l'État viennent aussi de nos ennemis déclarés (ce qui est de bonne guerre), et de nos amis officiels (ce qui est   malgré   tout   plus   étonnant).

Le monde soviétique dispose d'une petite armée de réserve, les communistes corses, qui obéissent à une consigne générale de présence prudente. Le tir indirect - où excelle le marxisme international - se fait par terroristes formés à Prague ou à Tripoli. De toute façon, en cas de crise grave, les communistes ont montré, ailleurs qu'en Corse, qu'ils savent prendre le train en marche pour conduire les wagons   à   bestiaux   où   il   leur   plaît.
Pour ce qui est du monde anglo-saxon, outre le fait que l'indépendance française lui est toujours été fort désagréable, il ne s'affligerait guère de la diminuer en provoquant une pseudo-indépendance de la Corse : ce serait alors un jeu d'investir et de dominer un micro État, de se servir du territoire Corse à des fins exclusivement logistiques, d'installer cette fois un colonialisme authentique. La Corse a été occupée par les Anglais de juillet 1794 à octobre 1796. Sous la 1ère République. Ce passé provoque sans doute la nostalgie de certains fonctionnaires du Colonial Office. En ce qui concerne les Etats-Unis proprement dit, notons qu'en 1970, le gouvernement de la 5ème République a commis l'imprudence insigne de confier l'étude du développement de la Corse à l'Hudson Institute. C'était ouvrir toutes les voies à l'espionnage américain et en premier lieu à l'espionnage

économique. Par une étrange coïncidence, l'agitation des prétendus « autonomistes » a commencé peu de mois après la remise du rapport. Signalons aussi à propos de nos « amis » et alliés officiels, qu'ils ont l'habileté d'utiliser les services secrets des pays semi-coloniaux qui n'ont vraiment rien à leur   refuser.

Si les puissances étrangères obéissent à ce qu'elles croient être leur intérêt, il n'y a là rien que de naturel. En revanche nous éprouverons un étonnement douloureux en voyant que l'État français, notre État, a montré des faiblesses coupables qui favorisent les menées extérieures. Cette faiblesse émane de l'émollient esprit démocrate-chrétien, des redoutables chimères européennes : on en trouve des exemples dans les petites choses et dans les grandes.

Il convient de signaler, dans nos relations avec l'Italie, le comportement abusif des touristes italiens dans les établissements publics corses. Pour traiter à leur manière un certain sentiment d'infériorité, ils s'expriment avec arrogance, lassant la patience corse mais non celle des autorités.

Il y a plus grave : en signe de voisinage - et pour sacrifier aux nuées européennes - L'État a permis de faire de la Corse un relais pour le « carbo-sarde » qui transporte en Sardaigne de l'électricité via l'île d'Elbe. Cette servilité est mal supportée par beaucoup de Corses, par la majorité d'entre eux, ceux qui ne sont pas « autonomistes », ceux qui professent un idéal plus élevé : l'indépendance et la souveraineté de la France. Il serait difficile de leur donner tort quand on se souvient du mauvais voisinage des Italiens s'obstinant à déverser leurs boues rouges en direction des côtes françaises. Il apparaît donc que la République livre la France désarmée à toutes les entreprises étrangères, la dernière phase du désarmement étant la suppression de la Cour de Sûreté de l'État.

Devant cette carence de l'État, les Français auront naturellement recours à leur histoire authentique et à toutes les actions politiques qui en découlent logiquement. Il n'est pas sans intérêt de rappeler, à propos de la Corse, quelques faits de notre tradition.

« En novembre 1570, Alphonse d'Ornano et sa petite troupe s'emparent de Bordeaux. Jaloux de conserver l'initiative des opérations, ce colonel de 22 ans se plaint à Charles IX, et à la Reine-mère, qu'on l'ait soumis à un chef de son grade, lequel est, de plus un Italien : « Je ne puis assez m'ébahir, écrit-il au souverain, par quel désastre ou mauvaise impression que Vous pouvez avoir de moi, Vos Majestés m'ont ordonné de me ranger et obéir à celui qui est colonel des Italiens (...) Je suis sorti de feu sieur Sampiero Corso, qui a tant servi Vos Majestés. Je suis sorti de Corsègue, moi, mes capitaines et mes soldats. Ils se rangeront et obéiront plus franchement à moi, je suis de leur nation, qu'à nul autre ; ce que Vous requiers et supplie de vouloir bien mettre en considération et ne permettre point, s'il Vous plaît, que je demeure sous le commandement d'un Italien. » [37]

---

[37] Dom Jean Baptiste Gaï : La tragique histoire de Corses, Paris, 1962.

Évoquons aussi ce discours de Mussolini, fort bien entendu en son temps par les Corses, ou, faisant allusion à la Corse, il s'exclamait :

« Nous voulons le nid ! Mais sans les oiseaux. » Précisons également que dans ses menées, le fascisme italien privilégiera la mémoire ambiguë de Pascal Paoli, plus ambitieux que patriote et amèrement déçu dans ses désirs de domination : on peut voir dans le panthéon italien de Florence, une plaque de marbre exaltant Paoli et l'annexant à l'Italie ; outre cette plaque, Paoli dispose d'une avenue à Florence comme d'un boulevard à Bastia. On peut dire - au risque de passer pour iconoclaste - que Paoli est le modèle des carriéristes qui livrent leur pays à des fins d'ambition personnelle.

Au moment de l'occupation italienne de 1942-1943, notre compatriote Horace de Carbuccia osait publier *La Corse Terre de fidélité* aux Editions de France. Ses propos nous paraissent très actuels et c'est sur ses paroles que nous conclurons :

> *« La Corse, qui n'accepta jamais être une colonie génoise,*
> *Refusa de devenir un protectorat anglais.*
> *La Corse entendait demeurer française.*
> *Et voilà bien le miracle français !*

Qu'on y songe : depuis vingt siècles, les Corses repoussaient des invasions ou luttaient pour secouer le joug d'une oppression étrangère (…) Leur pays avait été convoité par tous les grands peuples de l'Antiquité mais jamais il n'avait été asservi, ils avaient chassé quatorze fois les Romains et, après une guerre de cent ans, Rome n'avait pas soumis l'intérieur de l'île. Ils avaient expulsé les Vandales et les Goths, délogé les Lombards et les Byzantins, mis en fuite les Maures, jeté à l'eau les Génois, vaincu les Anglais.

Mais ils se souvenaient que jadis les Francs de Pépin le Bref, de Charlemagne et de ses descendants étaient venus à leur secours lorsque les Sarrasins ravageaient leur île, et ils savaient qu'au temps de Sampiero, leurs pères avaient accueilli les Français avec enthousiasme et avaient été consternés de les voir partir (…) Comprend-on qu'après Ponte-Nuovo, le comte de Vaux ait pacifié l'île en moins de trois mois ? »

Le patriotisme corse est français.

--

Les heures glorieuses et difficiles du colonel Rémy
3 janvier 2002

L'entrée en résistance de Gilbert Renault qui deviendra et qui gardera définitivement son nom de guerre, ne provient nullement du hasard. Bien après l'événement, il déclarera en 1974 : « Le réflexe qui m'a fait partir pour l'Angleterre trouvait son origine dans l'enseignement que depuis vingt ans je recevais quotidiennement sous la signature de Charles Maurras. Nourri de l'*Action française*, il ne m'était pas possible de reconnaître comme définitive la défaite de la France. J'allais tout naturellement là où m'apparaissait qu'on allait continuer à se battre. » 0 partir de cette décision, toute l'existence de Rémy sera orientée vers le même idéal qui unit l'honneur de la France à l'amour de la Patrie. Pour ceux qui ne l'auraient pas connu, Guy Perrier va prendre en quelque sorte le rôle d'un Plutarque qui évoquerait pour nous la vie d'un homme illustre de la France du XXème siècle. Son essai biographique[38] commence par un portrait physique et moral. « Bel homme à la solide carrure, l'œil toujours fureteur, l'esprit en éveil, portant bien la toilette, Gilbert a de plus l'élocution facile et le compliment enjôleur. Bref, c'est un charmeur. Chaleureux, un rien hâbleur, fier et impulsif, il se décide vite, trop vite parfois. Heureusement, il possède une extraordinaire capacité de rebondissement : toute son existence (…) sera jalonnée par une succession de pics et de creux… »

Quant au moral, il y a chez Rémy un catholicisme exigeant, une foi profonde, une dévotion à la Vierge Marie qui guideront aussi bien sa vie privée que ses interventions politiques et militaires.

La fondation de la C.N.D.
Le 20 juin 1940, après avoir eu le téméraire courage de laisser sa femme et ses enfants, Rémy s'embarque sur un bateau norvégien, le *Lista*, en partance pour l'Angleterre. Le lendemain, il débarque à Falmouth. « Dès le lendemain de leur arrivée, Claude (jeune frère de Rémy) et Gilbert se sont présentés au quartier général de la France Libre à Saint-Stephen's House. » Ils sont déçus par un premier accueil assez froid et attendent d'être convoqués. Rémy s'impatiente, revient et déclare à l'officier qui l'avait accueilli qu'il peut se déplacer facilement en Espagne et qu'il souhaite effectuer une mission en France. On lui demande alors de se présenter au capitaine Dewavrin qui deviendra le colonel Passy. Chargé du 2ème Bureau, Dewavrin fondera le B.C.R.A. (Bureau central de renseignement et d'action).

---

[38] Guy Perrier : *Rémy, l'agent secret n° 1 de la France libre.*

Rémy est vite agréé, part pour l'Espagne après avoir été initié aux techniques de l'agent secret. Au cours de sa première mission importante en France occupée, Rémy se présente au lieutenant de vaisseau Philippon, commandant en second du sous-marin *Ouessant* et qui fait partie des quelques marins français autorisés à rester à Brest. Après un premier entretien réservé, Philippon apprendra plus tard à Rémy : « qu'il a demandé à son supérieur, le capitaine de corvette Courson, s'il y avait incompatibilité entre le serment prêté au Maréchal et le fait de transmettre des renseignements aux Anglais. Courson lui ayant répondu que s'il en avait l'occasion, il le ferait sans hésiter, Philippon, rassuré, accepte d'entrer dans le réseau de Rémy et reçoit le pseudonyme d'Hilarion. Cette rencontre procure à Rémy une riche moisson de renseignements : « sept sous-marins basés à Brest » et, selon le succès de leurs opérations, ils sont accueillis avec enthousiasme : « musique, fleurs, champagne ». Rémy recueille en outre des précisions sur les mouvements des submersibles. Le réseau de Rémy s'organise, il devient opérationnel. Les dangers ne manquent pas mais « …chaque fois qu'il est en danger, il implore la Vierge Marie et prie, puisant dans la prière une force et un réconfort nouveaux… »

Guy Perrier relate en ces termes le « baptême » du réseau de Rémy : « Le 5 janvier 1942, vers 7 heures, par un froid glacial, Rémy passe devant l'église Notre-Dame des Victoires. Il entre et s'agenouille au pied de la statue de la Vierge (…) Depuis plusieurs semaines, il est obsédé par la dénomination de son réseau. Mais là, il a le cœur en fête car, en un éclair, le nom s'est imposé à lui : *La confrérie Notre-Dame*. Puisque Louis XIII a placé la France sous la protection de la Vierge, pourquoi lui, Rémy, ne s'en inspirerait-il pas, d'autant plus que le véritable ciment du réseau – en dehors de l'objectif commun de chasser les

Allemands – est une réelle fraternité entre tous ses membres. »

La C.N.D. fondée notons son bilan, « éloquent » malgré sa sécheresse numérique : « De novembre 1940 à septembre 1944, 66 courriers sont parvenus à Londres ; de 1941 à 1944, 3.000 messages ont été envoyés. Les renseignements fournis aux Alliés ont été à l'origine de succès importants, qu'il s'agisse de la surveillance des bases sous-marines de l'Atlantique, des plans du mur de l'Atlantique, de la traque des croiseurs allemands ou de l'opération coup de croc (*Biting*). De novembre 1940 à septembre 1944, le réseau CND-Castille a compté 1.540 agents, 537 ont été arrêtés, dont 380 déportés, parmi ces derniers on compte 103 morts et 27 disparus.

Le ralliement des communistes

Inconditionnellement disciplinés, par leur stricte application des accords Hitler-Staline, les communistes français ont apporté une contribution décisive à notre défaite de 1940. Le sabotage systématique de nos usines d'armement représentait un somptueux cadeau pour les troupes de l'envahisseur nazi. L'heureuse folie de Hitler qui attaque la Russie le 22 juin 1941 va changer la donne de fond en comble. Le parti communiste va vérifier une fois de plus la pénétrante formule de Georges Sorel : « Le marxisme est le frère ennemi du militantisme prussien. » Les « partisans » sont disciplinés, souvent fanatisés et leur courage est immense. Cependant, leur visée essentielle n'est pas la libération de la France, mais la révolution sociale et politique, d'où leur action terroriste dont ne voulaient ni De Gaulle, ni les Anglais.

C'est bien Rémy qui établit le contact avec les F.T.P. et le comité central du P.C.F. S'il le fait c'est d'abord en vue d'une alliance tactique précieuse dans la perspective d'une insurrection générale. Ce qui est indiscutable, c'est que l'arrivée de Fernand Grenier à Londres, son ralliement officiel à De Gaulle (ce qui donne à ce dernier une stature internationale) montrent que Rémy a bien travaillé pour son chef. Ce qui n'est pas d'un piètre politique. De Gaulle en est parfaitement conscient qui écrit en ces termes aux membres du comité central, le 10 février 1943. « L'adhésion du parti communiste au comité national qu'il m'a apportée en votre nom, la mise à ma disposition en tant que commandant en chef des Forces françaises combattantes des vaillantes formations de francs-tireurs que vous avez constituées et animées, voilà autant de manifestations de l'unité française, voilà une nouvelle preuve de la volonté de contribuer à la libération et à la grandeur de notre pays. Convaincu que votre décision apporte une contribution importante à l'intérêt national, je vous remercie sincèrement… »

<u>Le pionnier de la réconciliation nationale</u>
A l'automne 1949, *Aspects de la France* organise aux Sociétés Savantes, rue Danton, une réunion d'hommage à Maurras emprisonné après un procès inique. Gabriel Marcel, Daniel Halévy, Pierre Boutang prennent la parole. A cette occasion, Maurice Pujo, compagnon de Maurras, et Rémy se serrent la main. Il ne semble pas que Rémy ait été, selon la formule de Guy Perrier « un piètre politique ». Il a bien fait de divulguer la formule gaullienne des « deux cordes » nécessaires à l'arc de la France : « Il lui fallait la corde De Gaulle, il lui fallait aussi la corde Pétain. »[39] L'authenticité de cette déclaration fut formellement confirmée par De Gaulle au Prince Murat. Là encore Rémy militait pour son chef, et pour lui promettre une gloire immense s'il avait opéré la réconciliation nationale.

____

[39] *La Justice et l'opprobre,* article de Rémy, publié dans *Carrefour,* du 11 avril 1950.

--

France

La Geste des Français de Shanghai

Juillet 2002

Il faudrait citer intégralement l'avant-propos par lequel Guy Brossollet présente *Les Français de Shanghai*.[40] En deux pages méthodiques, il annonce avec clarté et sincérité le contenu de l'ouvrage. Il convient de signaler aussi l'ingéniosité de l'auteur qui regroupe les événements d'une merveilleuse aventure selon l'intervention de trois puissances supérieures qui mènent les hommes : César, Dieu et Mammon. Enfin, il n'est que justice de constater que Guy Brossollet fait partie des rares Français qui aiment leurs compatriotes et la France. Pudiquement et sobrement il exprime cet amour en déclarant : « A tous ces Français, ce livre est dédié (…) ils méritent un peu plus que le silence dans le quel voudraient les enfermer les contritions de l'ère postcoloniale. »

L'histoire commence avec le traité de Whampoa, d'octobre 1844, signé entre autres par M. de Lagrené, émissaire du roi Louis-Philippe. Les limites territoriales de la concession française seront fixées en 1849. Un siècle plus tard, les hordes de Mao entrent à Shanghai le 27 mai 1949. Après deux ans d'attentisme, c'est l'asphyxie progressive et puis la mise à mort de la ville.

En 352 pages, Guy Brossollet apporte au lecteur une prodigieuse documentation, des index riches et précis, une iconographie superbe. Ces éléments permettent de reconstituer ce que furent cent années de présence française. Nous y trouvons la chronique qui répertorie tous les faits survenus dans cette période, des historiettes à la manière de

---

[40] Aux éditions Belin, Paris.

Tallemant de Réaux – qui ne cèlent ni le pittoresque, ni le baroque, ni le sordide – et puis la geste héroïque peinte à fresque qui rappelle les accomplissements français dans tous les domaines de la civilisation.

Nous emprunterons pour conclure le dernier paragraphe du prière d'insérer : « Le Shanghai des Français, protégé des guerres civiles et des conflits mondiaux pendant un siècle a été l'un des rares carrefours du monde où se croisent cultures et usages, où s'échangent richesses et talents, où se mêlent différences et affinités. »

NB : Pour situer Shanghai dans le tourbillon asiatique, on se reportera utilement à la *Question d'Extrême-Orient* de Pierre Renouvin[41] et au magistral essai de François Léger sur *Les Influences occidentales dans la révolution de l'Orient.*[42]

--

France
Trois ignominies et l'Etoile jaune
19 juin 2003

De 1919 à 2003, trois ignominies se sont succédé, celle de 1919 entraînant celle de 1942, celle de 1942 provoquant celle de 1995. Cette dernière ne finit pas d'envenimer la vie française en se fondant sur le crédit que l'ignorance procure aux mensonges les plus grossiers.

La victoire volée
La première ignominie date du lendemain de la Victoire. La France victorieuse, mais saignée à blanc (un million cinq cent mille morts), est volée de sa victoire par

---

[41] Hachette, 1948.
[42] Editions Plon, 1955.

deux hommes d'Etat « alliés » qui interdisent au généralissime Foch de conduire ses armées à Berlin. Il s'agit du Premier ministre britannique Lloyd George (qui estime sans rire que l'armée française est dangereuse pour la paix du monde) et le Président Woodrow Wilson des Etats-Unis qui, une fois acquise la défaite de l'Empire allemand ne se considère plus comme allié mais comme *arbitre*. Sa « construction » de l'Europe nouvelle fera le lit de l'hitlérisme. C'est ici le lieu de rappeler l'épigraphe choisie par Bainville pour ses *Conséquences politiques de la paix* : « Celui qui creuse une fosse y tombe. Celui qui rompt une haie, le serpent le mord. » (*L'Ecclésiaste, 10,8)*

Pacifisme criminel

De l'affaiblissement systématique de la France par ses « alliés » découle la deuxième ignominie. Non contents d'avoir préparé notre défaite, nos bons alliés (sic) ont voulu mentir d'emblée, s'étonnant du peu de combativité de notre armée. Il faut l'obstination des chercheurs véridiques pour découvrir que les combats de 39-40 ont fait cent mille morts parmi nos soldats et pour savoir que dix de nos généraux – qui ne venaient pas d'opérettes hollywoodiennes – furent tués en première ligne.

Il reste que l'Allemagne hitlérienne envahit une France désarmée. L'aide financière avait été largement fournie par les banques américaines afin de permettre le relèvement économique, industriel et militaire de l'Allemagne : celle de 1939 n'est plus celle de 1919. Les premières unités de S.S. sont entraînées en Union soviétique en violation des traités. D'autre part, le 16 juin 1940, le président Roosevelt refuse de répondre à l'appel de la France. Les Etats-Unis n'entreront dans la mêlée que lorsque la guerre leur sera déclarée par Hitler le 11 décembre 1941.

Sur le front intérieur le pacifisme criminel d'un Léon Blum est stigmatisé par Raymond Aron qui écrit : « …a-t-il jamais pris conscience de ses aberrations, de la faute commise par un homme d'Etat qui sacrifie les intérêts (…) du pays à ses illusions ? »

Quant au parti communiste, il obéit avec zèle aux consignes staliniennes : saboté une grande partie de notre matériel militaire est inutilisable. Une fois notre défaite obtenue par les nazis, on parviendra à cette étoile jaune que le maréchal Pétain nommera exactement *ignominie*. Le port en sera imposé aux juifs résidant en zone occupée, par le commandement militaire allemand, à compter du 7 juin 1942.

<u>Désinformation</u>

Il y a une troisième ignominie qui dépend des deux premières. Les responsables de la défaite de 40 cherchent à accuser le maréchal Pétain de persécution antisémite. Il y a là un mensonge abominable mais les adeptes actuels du Dr Goebbels estiment avec lui qu'un mensonge répété des centaines de fois devient une vérité. Comment ne pas admirer l'œuvre noble du général de Groignec qui lutte inlassablement pour démystifier, désintoxiquer les victimes de la désinformation : il montre que le général Pétain a refusé avec fermeté – ce fut encore une de ses victoires – le port de l'étoile jaune en zone libre et dans toute l'Afrique française. Son livre[43] regorge de documents authentiques qui permettent de réduire à néant des calomnies criminelles, les faux témoignages déshonorants. Pour refonder l'unité française, l'indépendance nationale, il convient de voir que nous vivons actuellement en France occupée par le

---

[43] Jacques Le Groignec : *L'Etoile jaune, la double ignominie.* Nouvelles Editions Latines, 2003. Le général Le Groignec est président de l'A.D.M.P., 5 ruc Larribe, 75000 Paris.

mensonge. Selon la parole du Christ : « La vérité nous rendra libres. »

--

France

Passion et apothéose du général Weygand

3 juin 2004

Sous un titre à la brièveté militaire : *Weygand années 1940-1965*,[44] le lecteur trouve, émanant de Georges Hirtz, un témoignage sobre et modeste sur une personnalité glorieuse de notre histoire. De même que Bonaparte déclarait aux édiles florentins qui estimaient que sa famille était originaire de la cité des Médicis : « Je descends du 18 Brumaire », le général Maxime Weygand aurait pu affirmer « qu'il descendait du 11 novembre 1918 » en raison de sa contribution à la victoire aux côtés du maréchal Foch. Son mérite militaire de grand soldat connaît une éclatante confirmation dans la mission qui lui est confiée de juillet à août 1920 : il réorganise l'armée polonaise et la met en situation de vaincre l'armée soviétique.[45] Une preuve nouvelle de sa valeur de bâtisseur se manifeste en 1923 dans ses fonctions de haut-commissaire de France à Beyrouth et de commandant de l'Armée du Levant. Il donne, avec arbitrage de l'autorité française, une harmonieuse cohésion à une mosaïque d'ethnies et de religions. De basses manœuvres politiciennes lui retirent ces fonctions qu'il avait assumées de façon parfaite.

De 1930 à 1940

Du proconsulat à Beyrouth à 1940, l'activité de Weygand est retracée par le colonel Michelet qui préface

---

[44] Georges Hirtz : *Weygand, années 1940-1965*, éd. Al Koudia, Hauts de Malouesse, 13080 Luynes.
[45] Weygand, *Mémoires, tome 2*. Ed. Mirages et Réalités.

l'ouvrage de Georges Hirtz. Cette étude permet de faire litière des grossières calomnies qui accusent le général de n'avoir rien entrepris pour moderniser notre armée. Il affirme et il prouve que, dans les années 1930-1931, chef d'état-major général de l'armée de Terre « il n'a cessé de se battre pour défendre l'armée française ». Le colonel Michelet illustre son propos en précisant qu'il dut résister au pacifisme irresponsable, à l'antimilitarisme suicidaire, aux niaiseries utopiques « de la sécurité collective et du désarmement. »

<u>La mise en garde de 1932</u>

Le général Weygand ne participait pas à la cécité des gouvernants de la IIIème république qui nous menèrent à la guerre, à l'invasion, à la défaite et qui, contre toute vérité, voudraient faire peser sur l'Armée trahie toute la charge de leur imprévoyance criminelle. Nous nous devons de citer intégralement l'événement du 28 octobre 1932 : « A la fin d'une séance du Conseil supérieur de la guerre (…) afin de secouer l'inertie générale, il avait sorti de sa sacoche un poignard allemand à croix gammée – le poignard des Jeunesses hitlériennes – et l'avait planté dans la table du Conseil en martelant : « … plus les Allemands réarment, plus la puissance militaire de la France s'affaiblit… Nous n'aurons bientôt plus que nos poitrines pour défendre nos frontières. »

<u>De l'armistice aux 77 jours</u>

Devant le désastre provoqué essentiellement par l'impéritie des « politiciens » et par l'abandon égoïste et aveugle de nos « alliés », le président du Conseil d'alors avait trouvé la solution « miracle » : faire endosser l'opprobre à nos soldats en les livrant à l'ennemi par une « capitulation ». Appelé au secours par ce même président du Conseil, le général Weygand refusa fermement cette manipulation et on en vient à la formule de l'armistice qualifié – selon une contrevérité éhontée – conscient d'être mensongère – de capitulation. Les mots ont un sens, les lois de la guerre sont respectées par les armées dignes de ce nom. En français, armistice signifie interruption momentanée des hostilités à la suite d'un accord entre belligérants.

Pendant soixante-dix-sept jours, Weygand sera « ministre de la Défense nationale », Georges Hirtz écrit : « Alors que la débâcle l'a apparemment vidé (…) de sa substance (…) il va en faire un des outils maîtres du redressement, le général Colson, à la Guerre, et le général Pujo, à l'Air. »

Weygand définit lui-même la mission de la petite armée de l'armistice : « … conserver la flamme et les traditions de la grande armée de jadis, s'informer minutieusement de tout ce que la guerre apporte chaque jour de progrès à l'art de combattre, se préparer moralement et matériellement à se démultiplier et à bondir à la première occasion favorable, en un mot, à reprendre le combat… »

Georges Hirtz précise que « c'est (…) l'armée qui inspire et encadre la première résistance. »

<u>Le proconsulat d'Afrique</u>
La mission de Weygand est définie par le maréchal Pétain : « J'envoie le général Weygand en Afrique avec tous les pouvoirs (…) Sa mission sera de sauvegarder l'Afrique du Nord et de former une armée capable de la défendre. Un jour, cette armée nous servira, mais il est encore beaucoup trop tôt. »

Georges Hirtz, appelé au Cabinet civil de Weygand à Alger, témoigne du bilan magnifique obtenu durant ce proconsulat : « En dépit de la surveillance et des soupçons des commissions de contrôle ennemies, l'augmentation des effectifs militaires s'est développée : ils ont été portés aux chiffres de 181.000 hommes pour l'Afrique du Nord (au lieu de 127.000) et de 56.000 hommes pour l'Afrique occidentale (au lieu de 33.000).

Ce qui a également échappé aux investigations des agents de l'Axe, c'est que :
- les unités sont, partout, dotées de cadres en surnombre élevé et minutieusement camouflé ;
- l'abaissement des limites d'âge a sérieusement rajeuni les cadres ;
- les méthodes d'instruction dûment rénovées ont développé l'aptitude au combat moderne et à la guérilla.

Le camouflage du matériel est aussi une réussite.

Sans l'action patiente et audacieuse du général Weygand, le débarquement du 8 novembre 1942, la présence d'une armée française victorieuse eussent été impossibles.

<u>Les trente dernières années</u>
Les trente dernières années de la vie de Maxime Weygand ne paraissent pas moins riches de gloire que celles du premier tiers du siècle. L'armistice salvateur, la fondation de l'Armée d'Afrique, son retour au combat sont des chefs-d'œuvre d'art diplomatique militaire et patriotique.

Le général Weygand connaîtra la haine de Hitler et la vindicte de De Gaulle. Hitler voyait en lui un Français « haïssant l'Allemagne comme tous les Habsbourg ». Il avait donné à l'amiral Canaris l'ordre de l'assassiner. Canaris refusa parce que, selon lui, un officier ne pouvait se conduire en sicaire. Cependant Weygand connut trente mois de captivité en Allemagne.

L'inculpation voulue par De Gaulle aboutit à un non-lieu prononcé le 29 avril 1948.

L'apothéose

Maxime Weygand atteindra le comble de la perfection morale en refusant le maréchalat et en le proposant pour Juin, de Lattre et Leclerc. Ses obsèques seront présidées par le cardinal Feltin en présence de la maréchale Juin, la maréchale de Lattre de Tassigny, la maréchale Leclerc. Les généraux Koenig, de Bénouville, de Monsabert, Béthouard, Allard, Boyer de la Tour, Carpentier, Demetz, Beaufre, Guillaume, Noiret.

Le général Weygand a réuni en sa personne la palme des héros et la couronne des saints.

--

France - Corse
La Libération de la Corse
(conférence donnée à la Mairie du XVIIème arrondissement
en 2013)

La libération de la Corse, accomplie en octobre 1943, fait partie intégrante de la gloire nationale. Pour en retracer les épisodes, nous avons très largement mis à contribution le témoignage sur l'Armée d'Afrique dû à Hugues de la Barre de Nanteuil et le récit que présente Dom Jean-Baptiste Gaï, bénédictin de l'abbaye d'Hautecombe dans son beau livre qui s'intitule : '*La tragique histoire des Corses*'. Nous l'évoquerons en premier lieu, richement complétée par le témoignage sur l'Armée d'Afrique.

En somme, je n'ai d'autre ambition que de leur servir de porte-parole en ajoutant quelques éléments au palmarès de cette époque digne du noble devoir de mémoire.

Dès la signature de l'armistice, et plus encore quand les troupes italiennes débarquèrent dans l'île, une armée secrète commença à s'organiser. Et ce qu'il y a d'admirable, c'est le sang-froid, l'apparente indifférence que les Corses gardèrent à l'égard de l'occupant. En présence d'un ennemi qui réveille ses antipathies séculaires, ce peuple impatient et fougueux entre tous sait se contenir – ce grand rêve des dirigeants fascistes ! – aucune violence, aucun attentat (excepté de la part des résistants pourchassés par les carabiniers), aucun de ces actes désespérés, qui pouvaient déchaîner de faciles et sauvages représailles et même compromettre l'activité secrète des patriotes.

Il faudrait une étude spéciale, uniquement consacrée à ceux qui s'engagèrent dans les mouvements clandestins de l'île, qui y luttèrent et qui surent mourir, la plupart du temps après d'horribles tortures, pour ne pas livrer le secret de leurs organisations.

Dès les premiers jours de l'armistice, de nombreux officiers et sous-officiers de réserve se mirent en devoir de grouper les volontaires pour une action future. Le chef de bataillon Piétri, grand officier de la Légion d'Honneur, se chargea d'organiser la résistance dans le sud de la Corse. Le sénateur Paul Giacobbi « prit » lui-même le maquis et se donna à cette œuvre de préparation clandestine. A partir du 2 avril 1943, sous le pseudonyme de Cesari, le capitaine (plus tard commandant et aujourd'hui général) Colonna d'Istria fut délégué par le gouvernement d'Alger pour coordonner les divers mouvements de résistance de l'île.

Aux côtés ou sous les ordres de ce chef d'élite, des centaines d'insulaires ont travaillé, lutté et péri, aussi bien durant l'occupation que durant les combats de libération. En remettant à Colonna d'Istria la croix de la Légion d'Honneur, le général Giraud lui décerna, en même temps, la citation suivante :

« Organisateur et chef de la résistance en Corse, le commandant Colonna d'Istria a, pendant six mois, mené sur sa terre natale, une vie de proscrit, relevant les énergies, armant les patriotes, préparant avec un courage indomptable la libération de son pays. A su, dans les heures tragiques, incarner les plus belles qualités de sa race : fierté indomptable, haine farouche de l'envahisseur et amour profond de la France. »

Entre temps, un exemple admirable avait été donné aux Invalides par un de leurs compatriotes, établi en Afrique du Nord : le colonel Jean Colonna d'Ornano, digne descendant de Sampiero et de tous les Ornano dont nous avons parlé.

Malgré la carence de presque tous les moyens militaires, « Ornano n'hésita pas à se lancer à l'attaque de Mourzouk » (entre le Tchad et Tripoli), où il trouva une fin glorieuse, le 8 janvier 1941 ». Le sang d'un Corse ouvrait ainsi la voie qui allait conduire le général Leclerc et sa division, du Tibesti au nid d'aigle de Hitler !

En inaugurant à Alger la rue Jean-Colonna-d'Ornano, le 27 mars 1944, le général de Gaulle prononça un discours où il exaltait l'intrépidité « de ce Corse, dont le seul nom de la France faisait monter des larmes à ses yeux. »

Un autre exemple : celui du lieutenant Ceccaldi, qui ne trouvait aux côtés du colonel (ensuite général) Leclerc, au siège et à la prise du fort Al-Tag, aux environs de l'oasis de Koufra, et qui, avec son unique canon de 75, accomplit des merveilles.

<u>Septembre-octobre 1943</u>

Le 8 septembre 1943, la capitulation de l'Italie est officiellement annoncée dans l'île. Le moment est venu pour les patriotes d'entrer en action. Les Italiens, au nombre de 80.000, occupent une ligne jalonnée approximativement par Saint-Florent, Ponte Leccia, Corte, Zicavo et Olmeto. Les Allemands, qui sont une quinzaine de mille, avec des chars, occupent la région méridionale : Porto-Vecchio, Bonifacio, Sartène et les villages : au nord, la route Bastia-Ghisonaccia.

Le jour même de la capitulation, Colonna d'Istria envoie au général Magli, commandant en chef des forces italiennes, un ultimatum ainsi conçu : « Avec nous ? Contre nous ? Ou neutre ? » Dans la soirée, le général répond : « Avec vous ! »

Arthur Giovoni se rend à Alger pour réclamer l'envoi de troupes de renfort. Le général Giraud désigne alors le 1er Corps d'armée pour opérer dans l'île, sous le commandement du général Henry Martin, qui reçoit des instructions pour l'établissement d'une solide tête de pont à Ajaccio. Aussitôt après la réponse du général Magli, l'ordre d'insurrection a fait sortir du maquis tous les patriotes. Corses et Italiens s'acharnent à empêcher les Allemands de s'infiltrer dans la montagne et de s'embarquer pour l'Italie.

Le commandant Pietri livre aux Allemands un sérieux combat à Quenza. Il fait 200 prisonniers et s'empare d'un dépôt de vivres qui permet de nourrir la population affamée. C'est l'opération la plus importante qui ait lieu dans le sud. La zone Quenza-Zonza-Levie-Conca est, du reste, celle où se livrèrent les combats les plus durs contre les Allemands.

A Champlan, près de Folelli, Vittori attaque, avec 200 partisans, le dépôt d'essence et de munition. 48 Allemands sont tués et 17 mis hors de combat, tandis que les patriotes n'ont qu'un tué et un blessé. A Ghisoni ceux-ci s'emparent d'un gros dépôt de vivres.

Pour se couvrir contre une action possible venant du côté occidental, les Allemands, qui se sont retirés de Bastia sur Biguglia, jettent par avion des plaquettes incendiaires, qui embrasent la partie de l'île déjà libérée. Bastia subit un sérieux pilonnage allié, le 12 septembre. Mais le 13, les Allemands venant du sud réoccupent la ville et le camp de Borgo. Leur embarquement se poursuit activement durant la journée du 16. Le 17, Levie est bombardé par des avions allemands.

Dans la matinée du 19 septembre, un contingent de troupes venues d'Algérie s'installe à l'Ospedale, au-dessus de Porto-Vecchio. Le lieutenant Jacobsen, qui le commande, harcèle à Fautea les interminables convois allemands qui se dirigent vers Bastia.

Le 21, un avion dépose à Ajaccio le général Giraud, qui vient en inspection, accompagné des généraux d'aviation Bouscat et Chambe. Il met au point avec le général Martin l'attaque éventuelle de Bastia. Entre temps, le croiseur Jeanne d'Arc amène le général Louchet, le reste du 1er Tirailleurs marocains et la D.C.A. Pressés par le bataillon de choc et par les patriotes, les Allemands évacuent l'une après l'autre les localités du sud. Un vif engagement a lieu à Solenzara.

Le général américain Roosevelt vient rendre visite aux troupes de Corse, le 28 septembre. Le 30, le général Louchet, qui commande l'infanterie de la 4è division marocaine de montagne, part de Saint-Florent pour entreprendre le siège de Bastia. Pendant ce temps, les forces légères dégagent le Cap-Corse. Le 4 octobre, la ville est libérée. Le 5, l'île entière se trouve vide d'Allemands.

Le général Martin règle, avec le représentant du général Eisenhower, le refoulement des Italiens en Sardaigne. On en retiendra toutefois un contingent destiné au déblaiement des décombres, à la réfection des ponts et à l'aménagement des terrains d'aviation.

Le 6 octobre, dans tous les territoires de l'Empire on pavoise, en l'honneur de la Corse, premier département français libéré. Le général de Gaulle arrive dans l'île, visite les divers secteurs du sud au nord. Le 8, son voyage triomphal terminé, il prononce à Ajaccio un discours où il encourage les combattants à poursuivre l'œuvre de libération déjà si avancée.

L'Histoire doit retenir les noms de certains de nos « maquisards », dont l'activité fut particulièrement intense et qui ont payé de la vie leur dévouement à la cause française : Fred Scamaroni, Jean Nicoli, Dominique Vincetti, André Giusti, Jules Mondoloni, Jean-Baptiste Giacomini, Dominique Bighelli, Denis Griffi. Il nous plaît de noter que le cri recueilli sur les lèvres mourantes de nos héros fut invariablement : « Vive la France ! Vive la Corse ! » Ou bien « Vive la Corse française ! »

C'est que, précisément, l'idée maîtresse de la résistance corse fut d'empêcher le rattachement de l'île à l'Italie. « Averemu da essa Taliani ? » (Serons-nous un jour Italiens ?) Voilà la grande, presque l'unique préoccupation des Corses de 1940 à 1943. Mais la réponse était déjà : « Hi ! mai ch'ella sia ! » (Ah non ! ça… jamais !)

On comprend, dès lors, que les insulaires aient tout mis en œuvre pour rester Français.

A ce propos, il faut signaler le rôle d'animateur rempli au poste de Radio-France à Alger, par Jean-Martin Franchi, alors président des Groupements corses d'Afrique du Nord.

Parlant en dialecte à ses compatriotes, encore sous le joug de l'occupant, il faisait vibrer tour à tour la note patriotique, folklorique et religieuse, afin de les affermir dans la lutte et d'entretenir leurs espoirs.

Les Corses doivent aussi leur gratitude au capitaine de vaisseau Lherminier, qui commandait le sous-marin *Casabianca*, et qui leur porta le premier, au cours de ses débarquements clandestins, des assurances tangibles d'une prochaine libération. Au *Casabianca*, dont le nom rappelle le héros d'Aboukir, « fut réservé l'honneur de débarquer, à la barbe de l'occupant, hommes et matériel, et d'alimenter la Résistance insulaire en postes de radio, armes et munitions. » Cette navette héroïque se poursuivra jusqu'à la libération de l'île, et c'est pourquoi le commandant Lherminier doit être compté parmi les principaux artisans de cette libération.

La libération de la Corse a été une des plus brillantes réussites de l'Armée d'Afrique au cours de l'année 1943. Le témoignage sur l'Armée d'Afrique apporte d'indispensables précisions sur la portée de ces événements et un éclairage complet. Il y eut, en effet, pendant quelques jours une occasion unique de chasser les Allemands de ce territoire, or la décision en a été prise exactement au bon moment et les opérations ont été menées avec toute la rapidité voulue. Pratiquement, dans le courant de l'été 1943, l'île était occupée par 5 divisions italiennes (80.000 hommes environ) et par 12 à 14.000 Allemands. Les premiers étaient stationnés surtout à l'ouest ; les seconds, surtout à l'est. Cependant une Résistance, fortement soutenue par Alger, rendait la vie difficile aux occupants. Or le 8 septembre, l'Italie acceptait un armistice et déposait les armes. Il en résulta aussitôt, tant en Italie que dans les territoires qu'elle occupait, un vide considérable qu'Allemands ou Alliés pouvaient combler à leur profit, à condition d'arriver les premiers. Mais pour Eisenhower, comme la Corse n'était pas prévue aux plans, il ne s'y intéressa pas. Par contre, le général Giraud, encore co-président du Comité français de Libération Nationale et commandant en chef des forces françaises, et depuis longtemps en relation avec les chefs de maquis de la Corse, estima que le moment était venu d'agir, si l'on voulait obtenir des résultats payants.

Ce jour même, 8 septembre, il décide d'envoyer à Ajaccio, le bataillon de choc du commandant Gambiez, un régiment de tirailleurs marocains et un groupement de tabors, le tout sous les ordres du général Henri Martin.

Comme les Alliés ne sont pas d'accord et ne veulent fournir aucun moyen de transport, il faut avoir recours aux maigres moyens de la marine nationale, encore sous les ordres directs du général Giraud pour acheminer les troupes désignées.

C'est ainsi que le 11 septembre au soir, le sous-marin 'Casabianca' sous les ordres de son 'pacha', le célèbre commandant Lherminier embarque à Alger une compagnie du bataillon de choc à destination d'Ajaccio. Le lendemain, le reste du bataillon embarque sur deux torpilleurs, le 'Fantasque' et le 'Terrible'. Le 13 avant le jour tous ces éléments débarquent à Ajaccio, dont tous les environs sont illuminés par les incendies allumés par les plaquettes de phosphore que les Allemands ont lancées pour lutter contre les maquisards tapis dans le maquis.

Si l'accueil de la population est débordant d'enthousiasme, la situation du bataillon est assez « en l'air ». Pourtant un assez vaste périmètre est occupé autour de la ville et lorsque le 17 débarque le bataillon du 1er Marocains, la situation semble nettement plus confortable. Il paraît même possible de pousser vers l'est où les maquisards ont engagé une lutte très vive contre les Allemands.

Le 21 après une visite inopinée du général Giraud et l'arrivée du 1er R.T.M. au complet (sauf les trains) il est décidé de se lancer sur Bastia, le seul port par où les Allemands peuvent effectuer leur repli sur l'Italie.

Mais il n'y a toujours ni mulets, ni camions, ni artillerie, ni ambulances, enfin rien de ce qu'il faut pour lutter contre les Allemands encore puissamment armés, motorisés et blindés… Qu'à cela ne tienne, une partie importante de 5 divisions italiennes est prête à nous aider à titre de cobelligérants. Et aussitôt, 'chocs, tirailleurs et goumiers' sont aidés et supportés comme par une armée alliée. Bien mieux, la 225è division italienne participe elle aussi à l'opération.

Pendant que l'ensemble des troupes se portait d'Ajaccio sur Bastia entre les 21 et 29 septembre, 'chocs' et maquisards accrochaient les Allemands en de très nombreux points du sud au nord de la côte est, en sorte que le 30 septembre, les Allemands ne tenaient plus que la tête de pont de Bastia longue de 30 kilomètres du nord au sud et large de 5 à 10 kilomètres.

L'attaque déclenchée ce jour même, 30 septembre, dura 4 jours. La brigade S.S. « Reichsführer » soutenue par des chars, de l'aviation et des chalands-canonnières, défendit sa zone avec acharnement mais finalement l'évacua dans la nuit du 3 au 4 octobre, ne laissant centre nos mains que 200 prisonniers mais un très important stock de vivres et d'essence.

Ainsi en l'espace de 3 semaines, grâce à l'esprit de décision du général Giraud et sans l'accord U.S. (en fait contre sa volonté), un département français tout entier était libéré au prix de pertes peu élevées. Dans la pénétration vers le Continent, dans l'aide à apporter aux Résistants, la réduction des distances était considérable. La Provence, au lieu de se trouver à 700 kilomètres (d'Alger), n'était plus qu'à 150 (de Calvi). De plus des contacts fructueux avaient été pris avec la Résistance, qui permettaient de mieux envisager ce qu'il faudrait faire lorsqu'on débarquerait sur le continent.

Il convient en passant de ne pas oublier un « dégât collatéral » provoqué par l'aviation américaine qui, après le départ des Allemands, atteignit un immeuble à Bastia.

Le *Figaro* des 5-6 octobre dernier (2013), consacre une pleine page à l'hommage rendu aux goumiers qui aidèrent à la libération de la Corse, en présence du président de la République et de S.A. le prince Moulay Rachid, frère du roi

Mohammed VI. Les goumiers survivants furent ce jour-là décorés de la croix d'officier de la Légion d'Honneur, aux côtés de résistants de la première heure, comme Léo Micheli, et d'anciens du bataillon de choc, comme François Geronimi et le général Roland Glavany.

Dans le même numéro est publiée une lettre de Patricia Boyer de Latour, fille du Lieutenant Colonel Boyer de Latour qui commandait le Deuxième Groupe de Tabors marocains, cité à l'ordre de l'Armée qui força le col de Téghime, ouvrant la voie vers Bastia.

<u>Les artisans de la Libération à l'honneur</u>
Evoquons tout d'abord Mesdemoiselles Elisabeth et Lucette Orsini, citées à l'ordre de la nation - F.N. Bastia : « Dans une période critique ont donné asile à un opérateur radio venu en mission d'Afrique du Nord et l'ont aidé pour le chiffrement et le déchiffrement de ses messages aux moments de trafic intense. Ont fait l'objet de perquisitions de l'armée allemande alertée par des traîtres, mais n'ont rien avoué. »

A Bastia, cette année (2013), Emile Zuccarelli, maire et ancien ministre, m'a déclaré se souvenir de l'arrivée des Tabors marocains libérateurs, en octobre 1943.

<u>Hommage aux Anciens Combattants et Résistants</u>
Les autorités civiles et militaires et les délégations d'Anciens combattants et Résistants se rassemblaient devant le Monument aux Morts pour célébrer l'Armistice qui a mis

fin à ce qu'on a appelé la Grande Guerre, celle de 14-18, à laquelle la Corse a payé un effroyable tribut.

Les cérémonies prenaient fin au Théâtre municipal, où le maire et le préfet remettaient un diplôme de la Reconnaissance de la Nation à des Anciens Combattants et Résistants : Don Pierre Maestrali, Xavier Maggiani, Antoine Mandrichi, Juge Manfredini, Louis Marc, André Marinacce, Pierre Martielli, Elisabeth Martini-Orsini, Auguste Matelli, Jacques Mereau, Jean Monterastelli, Pierrette Moracchini, Maurice Morazzani....

--

Grande-Bretagne
La Reine des autres

27 mars 1957

Depuis son couronnement, la reine Elisabeth d'Angleterre n'a séjourné en France que d'une manière rapide et un peu escamotée au gré des Ajacciens. Elle sera reçue officiellement à Paris du 8 au 11 avril. Il est naturel que beaucoup de Français éprouvent du plaisir à l'occasion de ce voyage dont la signification politique apparaît bien aux observateurs : il marque à ceux qui voient un peu plus loin que M. Monnet et son « Europe » les immenses possibilités d'une alliance franco-britannique. Encore faut-il dire l'étonnement, parfois le dégoût, qu'un royaliste français ressent devant la courtisanerie du régime – dans ses officiels et dans ses journaux – manifestée pour un souverain étranger.

La République défend peu et mal les Français. Le capitaine Moureau le souffre aujourd'hui dans sa chair. La déchéance morale du régime s'inscrit profondément dans les faits : jamais peut-être, autant qu'aujourd'hui, il n'a représenté, de manière aussi visible, le contraire de la France. La IVème ne pouvait donc, en aucune manière, « prendre la suite » des rois. Le régime des défaites et des humiliations, celui de la fuite en Europe et en Euratome, n'exerce pas la continuité de la souveraineté française. Il n'a aucun titre à recevoir la reine d'un pays ami dans le Louvre des Valois et dans le Versailles des Bourbons. La République représente si bien l'absence du souverain qu'elle en subit une sorte de mauvaise honte. Au lieu du présent moribond, elle évoque le passé vivant : on reconstituera pour les visiteurs royaux, avec la garde impériale, les mousquetaires gris de la maison du roi, les fusiliers blancs de Louis XV. On reconstituera…

Il y a des degrés dans le mal et jusque dans la démocratie. C'est pourquoi nous préférerions la démocratie helvétique qui, si elle émane d'un minuscule Etat, témoigne d'une grande dignité. On sait que les Suisses ne peuvent recevoir de décorations étrangères : il n'y a d'ailleurs pas de décoration nationale et l'uniformisation se chercher et s'atteint. Si l'on voulait, en surmontant une irrésistible répugnance comprendre les officiels du régime, on aurait souhaité de leur part, aussi éloignée de la servilité que de la provocation, une réception un peu digne. Mais la IVème République, qui ne saurait en aucun cas prétendre aux vertus des rois français, ne sait même pas montrer les « vertus » frugales inhérentes à la démocratie du « Contrat social ». On ne pourrait plus cruellement méditer qu'en cette circonstance l'appréciation d'un Anglais sur la monarchie britannique : « Il n'y a pas de monarchie en Europe qui puisse se comparer à la nôtre en ancienneté et en continuité et cette situation de prééminence a été nôtre au moins depuis la chute de la monarchie française. »[46]

---

[46] A.L.N. Russel dans *Westminster Abbey*, Chatto et Windus,

Grande-Bretagne
La servilité de M. Wilson

12 juin 1974

On ne saurait minimiser la part des travaillistes dans la décadence de l'Angleterre depuis l'arrivée au pouvoir de Ramsay MacDonald, au lendemain de la guerre de 1914 jusqu'au deuxième cabinet de M. Wilson. L'incompétence, l'inconséquence, l'imprévoyance, ces mauvaises fées qui mènent les grands Etats à la ruine, ont vu leurs effets exacerbés par une démagogie parfaitement démente.

Au service des Etats-Unis

Les conséquences apparaissent aujourd'hui dans toute leur rigueur. L'Angleterre déchue doit, selon les chefs du Labour, se soumettre avec complaisance aux vues les plus excessives des Etats-Unis. Le ministre Attlee, après 1945, abandonna les possessions impériales britanniques à l'heure souhaitée par les Etats-Unis et la gloutonnerie économique de Roosevelt et de ses successeurs. Bevin et Bevan procédèrent avec la même docilité. Pour ce qui est de Harold Wilson, dans son premier ministère comme dans l'actuel, l'obséquiosité et la servilité paraissent sans limites.

Il y a cependant une particularité remarquable en ce qui concerne le Premier britannique aujourd'hui. Sans doute les spécialistes de médecine mentale trouveraient-ils dans ses

---

éditeurs.

agissements un phénomène de compensation psychologique : s'il revêt sa livrée de larbin en se tournant vers l'Atlantique, c'est une attitude arrogante qu'il adopte en s'adressant à la France et l'Europe continentale, avec ou sans Callaghan interposé.

Évoquer la hargne anti française (traditionnelle chez les travaillistes), signaler leur véritable racisme anti latin (sur lequel il faudra bien revenir) c'est peut-être montrer les causes profondes de leurs besognes ancillaires, à l'intérieur de l'Europe des Neuf, menées au service de Washington.

... Pour gêner l'Europe

La première besogne consiste à saper l'économie de l'Europe continentale dont les succès mettent en cause l'hégémonie du dollar. Il s'agit de jouer tout à fait le rôle commandé, celui du cheval de Troie. La tâche consiste à démolir le marché commun agricole par la fameuse « renégociation » et de présenter comme une grâce infinie la présence économique de l'Angleterre en Europe.

La tâche consiste aussi à saboter l'entreprise franco-britannique du Concorde : ou bien en abandonnant purement et simplement la construction des appareils, ou bien en adultérant totalement le projet en le livrant aux Etats-Unis qui exploiteraient une fois de plus, le fruit du travail et du génie des autres. Tout le monde sait à présent que ce ne sont pas les défauts mais les qualités de l'appareil qui chagrinent si fort les Américains. Les travaillistes sont également chargés de réduire à l'état de folklore la croissance industrielle de l'Europe ; pour ce faire une double opération symétrique : le désarmement douanier des pays européens devant les produits fabriqués aux Etats-Unis et le surarmement tarifaire des mêmes Etats-Unis contre les productions de l'Europe.

… Et contrer la force française de dissuasion

La deuxième besogne consiste à en finir une fois pour toutes avec l'irritante indépendance militaire de la France. Si le noble *Canard enchaîné* d'une merveilleuse compétence nucléaire, ne prend pas au sérieux la force atomique française, les frivoles Américains et les Soviétiques légers aimeraient beaucoup que cette force soit neutralisée. Les travaillistes se chargent de la mission.

C'est Lord Gladwyn[47] qui est mobilisé, dans *Le Monde* du 5 juin dernier pour faire surgir des oubliettes de l'histoire le fantôme de la défunte C.E.D. Le premier paragraphe de son texte nous renseigne sur la situation présente qui est l'abomination de la désolation : la France est actuellement maîtresse de son destin, et ce qui est pis, son opinion en est consciente et approuve. Jugeons-en : « Le plus frappant dans les récentes manifestations de l'opinion française à propos de la défense nationale, c'est la persistance des thèses selon lesquelles elle reposerait essentiellement sur le développement maximal de la puissance nucléaire, tant tactique que stratégique. La France garderait ainsi la possibilité d'intervenir dans n'importe quelle situation en brandissant sa bombe atomique. »

---

[47] Rapporteur pour les questions de défense au Parlement européen, cet ancien ambassadeur est pus connu sous son premier nom : Sir Gladwyn Jebb.

Pareille indépendance paraît scandaleuse aux yeux d'un Américain. Il faut donc en finir. « Si nous voulons être réalistes… » - Traduisons librement : « Si nous voulons capituler… » - Eh bien, il conviendra de se remettre aux armements traditionnels. Comme ces armements aussi présentent des dangers, il est indispensable, il est urgent de les réunir dans un système supranational. Lord Gladwyn écrit : « … pourquoi ne s'associerait-elle pas [48] à un comité d'experts ayant pour objectif premier d'élaborer un projet de fabrication en commun, en accord avec les Américains, des armes nécessaires pour une nouvelle conception de la défense européenne ? »

Pourquoi en effet ? Ne sont-ce pas les idées réformantes des réformateurs ? Eh bien ces « idées » ne paraissent rien d'autre que des projets de trahison.

L'*Economist* [49] qui est loin d'être un organe du Labour, reconnaît avec honnêteté : « Le premier grand changement (intervenu) depuis que l'Angleterre a rejoint la Communauté, c'est qu'elle n'y compte plus désormais, si ce n'est qu'elle a aggravé chacune des difficultés existantes… »

Une diplomatie française digne de ce nom ne pourra avoir de tâche prochaine que de remontrer aux Britanniques des vérités essentielles – amères ou non – et de les inviter à choisir de manière décisive entre une domesticité

---

[48] La France, bien entendu.
[49] Numéro du 1er juin 1974

déshonorante et ruineuse, et une indépendante et tonique liberté.

--

Hongrie

Un Hongrois nous a dit…

19 décembre 1956

Maintenant qu'approche le temps de Noël, la pensée va irrésistiblement vers la Hongrie chrétienne martyrisée. Au milieu du sang, des larmes, de la terreur, la fête de l'espoir des hommes sera célébrée intérieurement : les Hongrois savent que Hérode et ses bourreaux passeront mais que la parole du Christ ne passera point.

Nous avons posé quelques questions à une personnalité hongroise qui a bien voulu répondre à ce qui suit :

- Quels sont les développements possibles de la situation ?

La partie est désastreuse pour la répression soviétique. La résistance se répand dans tout le pays. Le peuple hongrois tout entier refuse l'occupation russe. Chaque homme politique qui essaie de négocier avec les Soviets est compromis du jour au lendemain aux yeux de l'opinion. La situation pourrit. Le gouvernement de Moscou renouvelle continuellement les troupes de répression qu'une telle besogne écœure, mais je pense qu'il sera difficile de rééduquer toute l'Armée rouge à temps : le bourrage de crânes demande un certain temps.

« On assiste à une décomposition précipitée de l'empire soviétique. Tout se lézarde. Toujours très sensible à la culture magyare, la Slovaquie bouge. La Pologne n'a fait que s'accorder une pause. La Lithuanie s'agite. En Russie même, la jeunesse des universités ne paraît plus politiquement sûre. Tout semble annoncer un effondrement général de la tyrannie communiste.

En ce qui touche la Hongrie proprement dite, les troupes d'occupation peuvent essayer toutes les pressions, toutes les atrocités qu'il leur sera ordonné. Les Hongrois ne craignent pas la mort : même sans armes, ils sauraient mourir debout, ils l'ont montré. Ce dont ils ne veulent plus, c'est l'oppression et l'exploitation soviétiques.

- La situation contient-elle des dangers de guerre ?

Si l'Occident reste immobile et muet alors qu'on égorge à ses frontières, il se pourrait qu'un parti de la guerre l'emportât à Moscou. Ce ne serait pas la première fois qu'un régime intérieurement perdu essaierait de se sauver par des guerres extérieures. Il entreprendrait des guerres partielles ou déclencherait la guerre mondiale.

« Je conviens qu'il y a une grave contradiction pour un matérialiste dialectique à entreprendre délibérément la destruction physique de l'humanité tout entière.

« A mon avis, il n'y a qu'un moyen de parer à cette menace : c'est de réagir avec la plus grande fermeté. Si la condamnation de l'ONU est maintenue, cela pourra aider la cause des Hongrois. Si M. Hammarskjöld avait du cran, il aurait atterri directement à Budapest. Mais il est loin d'avoir le courage de Bernadotte ou du docteur Ralph Bunche.

« L'attitude des Etats-Unis a consterné le peuple hongrois et lui a causé une terrible déception. Vous autres, Français, pouvez en avoir une idée réduite par leur comportement pour l'affaire de Suez. Nous attendons cependant avec espoir le réveil de l'opinion américaine.

- Par quel moyen éviterait-on un conflit ?

Le seul moyen d'éviter un conflit serait d'appliquer à l'Union soviétique une « quarantaine » totale. Si toutes les nations libres et civilisées la boycottaient économiquement, culturellement, dans le domaine des sports, à tous les degrés de la vie internationale, les Russes supporteraient encore plus mal un régime qui les ferait tenir par l'univers comme de dangereux pestiférés.

« Je demeure persuadé que la contrainte morale finirait par l'emporter et éloignerait le spectre de la guerre mondiale qui est le compagnon naturel d'un régime totalitaire. »

Ces paroles de générosité, de colère et d'espoir montrent bien que la seule autorité reconnue par le peuple hongrois – il y a des siècles et aujourd'hui encore – ce n'est pas le fantoche Kadar ou le malheureux Nagy, c'est la couronne de saint Etienne. Couronne d'épines en ce moment, mais il ne faut pas se lasser de dire qu'une petite nation qui affirme ainsi sa volonté de vivre libre à la deuxième puissance militaire du monde mérite l'admiration et l'appui de tous les hommes libres. Elle a illustré en versant

son sang la belle formule de Maurras qui rien ne galvaude
ici : « La plus précieuse des libertés humaines, est
l'indépendance de la patrie. »

--

Inde
Le déclin politique de M. Nehru
26 décembre 1956

Les Etats-Unis ont bien de la malchance dans leur
diplomatie. Après avoir erré et ignoré longtemps, ils
s'appliquent soudain comme de bons élèves et se décident à
montrer du réalisme. Ils épaulent donc un homme politique
seulement quand il commence à chanceler. Avec Tchang
Kai-Chek, ils ont agi de la sorte en ne l'aidant qu'une fois la
Chine perdue ; pour avoir soutenu à bout de bras le dictateur
Nasser effondré, M. Dulles a le sourire béat d'un
entomologiste qui aurait prolongé de quelques semaines
l'existence d'un bourdon ou d'un cancrelat. Il aura suffi à M.
Nehru de vaciller un peu pour que le Département d'Etat ait
jugé bon de courtiser un honorable spécimen de l'hypocrisie
mondiale. On a longtemps cru, en effet, que M. Nehru était
vertueux, parce qu'il faisait l'éloge de la vertu et censurait
gravement les hommes et les Etats. Aujourd'hui, l'on devient
beaucoup plus exigeant. L'influence politique du Pandit se
fondait sur son autorité morale. La chute de celle-ci entraîne
le déclin de celle-là.

Longtemps, la presse anglaise a donné M. Nehru en
exemple. Les derniers événements l'on conduite à une plus
lucide vision des choses et les critiques ne viennent pas
seulement de l'extrême-droite conservatrice. Avec plus ou
moins de nuances, c'est l'heure sévère de la vérité.

Ainsi la revue *Times and Tide* [50] parle assez bien : « d'un mélange constant et déplaisant de papelardise et d'intérêt personnel ». Ce jugement s'étaiera sur une formule prise au député Bernard Braine qui rappelle que M. Nehru justifia naguère « une intervention armée au Haïderabad en se fondant sur la volonté d'accession à l'Inde de la majorité du peuple contrairement aux vœux de son maharadjah et au Cachemire sur la raison précisément contraire, à savoir que le gouvernement princier voulait accéder à l'Inde contre les vœux de la majorité de ses sujets. » [51] On trouvera un très judicieux avis dans l'*Economist* [52] qui constate que la puissance russe et chinoise ne fait aucune peur au brave Pandit : mais que « c'est la force militaire du Pakistan, à peine un tiers de celle de l'Inde, qui est considérée comme une menace à Delhi. » Il souligne également ce qu'il appelle la « vacillante insouciance » de M. Nehru à l'égard de la Hongrie.

Pour aider son excellent ami Nasser – afin que celui-ci se taise pendant que l'Etat hindou dévore la province musulmane du Cachemire – le Pandit est allé jusqu'à menacer de quitter le Commonwealth. Cette intervention a donné aux Travaillistes un très bel argument oratoire. Plus froidement, *Times and Tide* considère que la participation au Commonwealth n'est pas une affaire inégale où l'on peut tout prendre et ne rien donner. Il conclut en doutant de la valeur de la compagnie de cet homme « humiliante et déshonorante comme elle a prouvé abondamment qu'elle était. » Le proche avenir verra peut-être l'Inde expulsée du Commonwealth à moins qu'un homme d'Etat sans hypocrisie et sans haine prenne en main les destinées des

---

[50] 15 décembre 1956.
[51] *New Commonwealth* du 10 décembre 1956.
[52] 15 décembre 1956

Hindous. Nul ne peut dire encore si ce sera M. Deshmukh ou le leader du parti socialiste Jaiprahask Narain.

L'affaire de Suez a retardé l'application du plan quinquennal. M. Nehru s'est beaucoup moins soucié des intérêts de l'Inde que de soutenir un dictateur antioccidental. Il a même déclaré avec une certaine naïveté que la politique hindoue aux Nations Unies a résisté à toutes les tentatives « [53]d e distraire l'attention de la question égyptienne en rabâchant les événements de Hongrie. »

On ne pouvait faire déclaration plus maladroite. Elle confirme le manque d'équité absolu du personnage dont les premiers silences sur la Hongrie avaient révélé la nature. M. Nehru a détruit lui-même la popularité dont il jouissait injustement. Beaucoup de personnalités et de communautés le critiquent. Il en est ainsi des communautés chinoises des Etats-Unis qui estiment que « peu judicieusement ou par malveillance, il s'est fait le champion de la cause communiste en Chine. » Cette mise en question va si loin – et le Président Eisenhower partage cette fâcheuse compagnie – qu'un journaliste américain se demande : « s'ils ont bien fait (le Président et le Pandit) à un moment critique dans les événements mondiaux, de s'opposer à une solution militaire dans le Moyen-Orient, étant incapables d'obtenir une solution pratique par eux-mêmes. »[54]

--

Inde

Le Cachemire ou l'impérialisme
honteux de Nehru

4 septembre 1957

---

[53] *The Sunday Times.*
[54] *The New York Times*, 16 décembre 1956.

Une fois l'indépendance accordée au Pakistan et l'Hindoustan, le mois d'août 1947 ne se passa point sans que des massacres aient lieu en Pendjab et que l'on ne compte douze millions de personnes déplacées. En 1948, un conflit s'engagea entre une armée hindoue et une armée pakistanaise à propos du Cachemire ; l'ancien Etat de Haïderabad, qui parmi ses dix-neuf millions d'habitants comptait deux millions de musulmans, « accéda » à l'Inde, non sans luttes et violences, qui se produisirent de septembre 1948 à décembre 1949. A partir de cette date, la paix des cimetières et le silence des prisons règnent sur la plus grande part du Cachemire ; elle est occupée par les troupes de M. Nehru.

… Je ne fus plus occupé qu'à examiner les prétentions que je pouvais former sur différentes provinces. (Les Matinées du Roi de Prusse, attribuées à Voltaire).

Le parti de la Ligue Musulmane et celui du Congrès étant à l'origine des deux Etats, la répartition des territoires s'inspira du souci de rassembler les populations suivant qu'elles étaient musulmanes ou non, l'accession à l'Etat considéré se faisant après consultation populaire. Pour cette raison, le Haïderabad passa à l'Inde. Au Cachemire, la situation était toute différence. A l'inverse du maharadjah de Haïderabad, celui du Cachemire – très impopulaire et dont l'autorité se trouvait sans cesse contestée – fut désireux de se joindre à l'Hindoustan et offrit son rattachement le 27 octobre 1947. Contrairement au vœu quasi unanime de la population, une armée hindoue entrait au Cachemire. Elle n'en laissait qu'une partie aux mains de l'armée du

Cachemire Azad[55]. Depuis cette époque, aucune élection libre n'a eu lieu au Cachemire. Montrant beaucoup de patience et de sagesse, le Pakistan a pris à témoin l'opinion publique internationale à plusieurs reprises. Il s'est plié à toutes les recommandations de l'ONU avec un zèle scrupuleux qui en remontre à M. Nehru. Mais cette longue endurance mérite d'être récompensée aujourd'hui : le Conseil de Sécurité se doit de faire exécuter ses décisions bafouées depuis si longtemps par la Nouvelle-Dehli.

… Parce que cet objet méritait plus que tous les autres mon attention et que les circonstances m'étaient plus favorables. (idem)

Pays merveilleux, dont le nom même se déroule comme un châle de soie, le Cachemire a souvent été nommé « la Suisse de l'Asie ». Ses lacs, ses montagnes et ses plaines s'étendent sur 212.000 kilomètres carrés ; les Cachemiriens, au nombre de quatre millions, sont très souvent artistes. Dans ce beau pays, les étrangers aiment à visiter les jardins magnifiques des empereurs Mogols dont l'éclat se retrouve sur les célèbres soieries. Malheureusement, tout n'est pas riant au Cachemire, où les souverains *dogra* qui achetèrent l'Etat contre quelques millions de roupies, n'eurent jamais bonne presse parmi leurs sujets musulmans. Le poète Iqbal, originaire du Cachemire a dit : *Le Cachemirien, le serf, va en haillons, tandis que son maître se vêt de la soie tissée par ses esclaves. »*

Ce n'est certes pas la première fois que l'on rencontre en histoire l'oppression d'un peuple par un autre : cependant, il n'est pas interdit de penser que l'on ne vit jamais autant de

---

[55] C'est-à-dire libre

duplicité et d'hypocrisie. En effet, M. Nehru écrit, le 27 octobre 1947 à M. Attlee : *Notre opinion… est que la question de l'accession d'un territoire ou d'un Etat faisant l'objet d'un litige doit être décidée conformément aux vœux du peuple.* Et il écrit de même au Premier ministre pakistanais d'alors. Plus tard, en août 1948 et en janvier 1949, les Nations Unies votent des résolutions catégoriques sur le droit au plébiscite des Cachemiriens. M. Nehru approuve. Pourtant, il fabrique de toutes pièces une « Assemblée Constituante », qui se réunit à Srinagar : cela pousse le Conseil de Sécurité à déclarer, le 30 mars 1951, que « la formation d'une Assemblée Constituante ne compromet en rien le principe d'un plébiscite libre et impartial. » M. Nehru consent. Mais comme « ses » élections sont boycottées par la population, il déclare « élus sans opposition » les 75 fantoches de l' « Assemblée de Srinagar ».

Les fantoches, à leur tour, votent bien entendu pour la Nouvelle-Dehli, jusqu'au jour où le cheikh Abdullah[56], qui n'est pas jugé assez docile, se voit jeter en prison par le Pandit le 9 aout 1953. Les assemblées internationales s'émeuvent : M. Nehru se fait de plus en plus conciliant. Il rencontre le Premier ministre pakistanais en août de la même année ; M. Mohammad Ali et lui s'accordent pour qu'un arbitre soit nommé à la fin d'avril 1954. Quand le temps arrive, M. Nehru a changé d'avis. Son gouvernement multiplie les provocations au point de s'attirer, le 26 janvier 1957, un avertissement du Conseil de Sécurité, qui lui rappelle ses engagements formels ; ce n'et pas tout : le Conseil envoie son propre président, M. Gunnar V. Jarring, dans le sous-continent le 15 février 1957. Il reviendra en avril les mains vides, non sans avoir constaté le mauvais vouloir

---

[56] Il y est détenu depuis quatre ans sans être passé en jugement.

de M. Nehru et l'esprit de conciliation de M. Suhrawardy. En somme, les agissements de M. Nehru ont été décrits d'une manière ironique et brillante par M. Mohammad Ali dans un discours prononcé le 6 avril 1956 : *La politique de l'Inde a été d'abord de refuser de tenir un plébiscite, de laisser le temps passer et de déclarer ensuite que, le temps étant passé, il n'est plus besoin de plébiscite.*

… Ne nous laissons pas éblouir (…) par ce mot de justice ; car c'est un mot qui a différents rapports et qui peut être expliqué de différentes manières. (idem)

Le temps ayant passé, aucune prescription ne s'est produite. Le Cachemire souffre toujours sous la férule du Quisling de l'endroit : Bakchi Gholam Mohammed. Incarcérés depuis « ce temps-là », les chefs politiques cachemiriens attendent en vain de passer en jugement. Deux journalistes anglais envoyés du *Daily Express* et du *Daily Mail* ont éprouvé en février de cette année ce qu'ils désignent sous le nom de « vallée de la peur ». Le cheikh Abdullah a réussi à adresser deux appels au Conseil de Sécurité. Premier ministre afghan, le Sardar Mohammed Daoud Khan a réclamé un plébiscite au Cachemire le 14 avril 1957. Et l'*Economist* [57] a récemment fait remarquer que les « gouvernements asiatiques qui se sont agités sur l'Inde pour d'autres questions se sentiraient obligés de voter contre elle dans celle-là. » L'Union soviétique elle-même, devant une cause aussi évidemment mauvaise, a pratiqué la « neutralité positive » au vote du Conseil de Sécurité.

---

[57] Numéro du 31 août 1957

La population du Cachemire, dont la quasi-totalité est musulmane, souhaite ardemment se réunir au Pakistan. Le Cachemire possède deux cent cinquante kilomètres de frontières communes avec le Pakistan ; il ne communique avec l'Inde que par le défilé de Banikal, situé à trois cents mètres d'altitude. Aucun de ses fleuves ne débouche en territoire hindou. En revanche, il forme comme le château d'eau naturel du Pakistan, qui reçoit de lui trois fleuves : l'Indus, le Jhelum et le Chenab. Ces fleuves irriguent plus de sept millions d'hectares au Pakistan et contrôlent dans une large mesure son économie agricole. Jamais symbiose économique, géographique et morale ne fut plus éclatante. Il convient de la traduire politiquement. Il convient aussi de contraindre M. Nehru, ce professionnel de la vertu, à se montrer vertueux. Comme il est passé maître en fait de parjure[58], on ne lui fera tenir sa parole qu'à son corps défendant.

--

Inde

M. Nehru après son plébiscite manqué

3 avril 1959

Pour argument suprême dans l'apologie de M. Nehru, on avance d'ordinaire qu'il empêche l'Inde de sombrer dans le communisme stalinien. Cette vue catégorique s'exprime bizarrement parmi les progressistes de toute obédience. Les dernières élections à la Chambre basse des Indes (Lok Sahba) donnent un vigoureux démenti à cette opinion. Non seulement la politique de neutralisme actif du Pandit n'a pas « neutralisé » le P.C. hindou, mais encore celui-ci obtient

---

[58] Voir notamment son élève, Abdel Nasser

avec 11.448.000 voix, deux fois plus de suffrages qu'aux élections de 1952. Les chiffres montrent aussi que le parti du Congrès n'a atteint la majorité absolue que dans les Etats d'Assam et de Mysore, avec des marges infimes (respectivement 56 et 51% des voix.) Si l'on considère que les discours et les silences de M. Nehru , les voyages et les démarches de son protégé Menon ont gravement engagé l'Etat hindou, on peut estimer que les masses des Indes ne l'ont guère plébiscité : elles ont compris que pour aboutir à un régime marxiste, on pouvait s'adresser directement aux communistes en sautant l'intermédiaire Nehru.

Ce serait cependant aller trop vite en besogne. Le mouvement en cours va tout d'abord rencontrer un frein économique puis buter contre un obstacle politique puissant.

Il ne faut pas prendre très au sérieux les velléités de M. Nehru de quitter le Commonwealth ou, tout au moins, il convient de les apprécier en fonction de la situation financière. D'après l'exposé du ministre hindou des Finances, M. T.T. Krishnamachari, il existe un déficit extérieur béant. On prévoit 38 nouveaux milliards de francs en dépenses militaires. Si l'on escompte des recettes nouvelles provenant d'une réduction impitoyable de l'importation de biens de consommation et d'une limitation des licences d'importation pour les produits de première nécessité, on évalue le déficit à 280 milliards de francs. En ce moment, les retards de l'aide extérieure poussent l'Inde à attaquer ses réserves sterling : du 8 février au 8 mars, ses fonds en sterling sont tombés de 18 millions de livres. Dans une telle conjoncture, un réaliste comme M. Nehru ne rompt pas facilement avec le Bloc sterling.

En second lieu, le bloc soviétique n'est pas excessivement pressé d'intégrer à son système l'Inde et sa fourmilière affamée. Une décomposition trop rapide aurait pour effet de réveiller la puissance américaine et de figer l'avance soviétique en des positions limites. Cultiver le neutralisme[59] donne en revanche les avantages les plus pondérables : marché ouvert au rouble, écho sonore à la propagande communiste, formation d'un « chaperon rouge » modèle pour l'Asie encore indéterminée.

Il est permis à ce moment de trouver intempestives les objurgations que lui a fait M. Bevan de rester dans le Commonwealth. D'autant plus que celui-ci les accompagne d'une lâche flagornerie de l'oppression hindoue au Cachemire. Comment ne pas voir que la « grande puissance morale » de M. Nehru – déjà jaugée au moment des massacres de Hongrie – masque une réelle volonté de puissance ? Comment expliquer autrement les restrictions sur les importations alimentaires cependant que l'on paie « cash » à M. de Brentano l'acier allemand ? Il y a un grave déséquilibre dans ce plan quinquennal où l'on dédie à la faim d'un peuple la vanité de l'industrie lourde. Il est vrai que l'acier pourra servir contre le voisin pakistanais.

L'Inde, les peuples hindous qui ont faim, ont en ce moment intérêt à demeurer dans le Commonwealth ; celui-ci ne pourra vivre en paix que s'il démystifie l'opinion et s'il se sépare du M. Nehru réel.

--

Inde
Le mensonge de Nehru mourra avec lui

---

[59] Il n'est pas sans intérêt de connaître les candides observations sur Nehru formulées par Eve Curie dans son *Voyage parmi les guerriers* : « Je vois... un socialiste marxiste, un athée et, aussi étonnant que celui puisse paraître, un leader des masses populaires de cette Inde médiévale et profondément religieuse. »

3 juin 1964

Un étrange concert de louanges et de regrets s'est levé dans la presse mondiale à la suite de la mort du Premier ministre. Comme ces hommages surprenants viennent des bénéficiaires aussi bien que des victimes de M. Nehru, il n'est pas inutile de s'interroger sur la nature de ces éloges. L'examen des écrits, des paroles et des actes du personnage devrait apporter des éclaircissements à ce phénomène inexplicable au premier abord.

On affirme un peu partout que M. Nehru fut un homme d'État clairvoyant, doué d'éminentes qualités politiques. Si on s'en tient à la logique ordinaire, au bon sens, à l'observation rigoureuse des faits, on est porté à croire que la planète a rarement porté un politicien aussi incapable, aussi médiocrement qualifié pour gouverner.

Avant l'octroi de l'indépendance aux Indes, dans l'année 1943, Jawaharlal Nehru était pressenti par les Anglais pour engager son peuple dans la lutte contre le nazisme. Un témoin de ces années de guerre, Mme Eve Curie, rapporte un entretien avec Nehru : « Il répond tristement : ' Je ne sais pas, nous essaierons', sur un ton qui me fit frissonner. » [60] En fait, l'Inde n'intervint pas dans la guerre puisque les alliés avaient compté sur Nehru.

Aux premiers jours de l'indépendance de l'Inde, l'honorable M. Nehru ne parvint en rien à empêcher la monstrueuse effusion de sang qui se produisit entre

---

[60] *Voyage parmi les guerriers*, Eve Curie, New York, 1944.

communautés hindoues et communautés musulmanes. Tout au contraire, quand les massacres prirent fin, le bon M. Nehru perpétua l'inimitié avec le Pakistan en pratiquant cette curieuse manière d'agir qui consiste à ne pas respecter des promesses et des engagements écrits et solennellement signés. Nous voulons parler ici du douloureux problème du Cachemire : depuis août 1949, M. Nehru s'était engagé à organiser une consultation populaire libre sur l'appartenance du Cachemire à l'Inde ou au Pakistan. Les gens de Srinagar attendent encore ce référendum.

Impuissant et complice

Il y a eu infiniment plus grave. Si l'on veut admettre, avec les badauds du journalisme et de l'histoire, que M. Nehru était un patriote, il est indispensable en ce cas d'admettre que c'était là un patriote impuissant, privé du génie de secourir sa patrie quand elle fut menacée gravement par l'invasion du Tibet. Puisque l'Inde était membre du « Commonwealth » encore influent, elle aurait pu obtenir que les hordes communistes chinoises cessent d'opprimer le peuple tibétain et qu'elles retournent en Chine. C'est avec mollesse et langueur que ce « patriote » réagit devant les menaces réelles des bandes de Mao exercées contre les Etats qui protègent la frontière orientale des Indes : Népal, Sikkim et Bhoutan. Enfin, et l'événement fut visible et constaté de tous, quand les armées chinoises envahirent les frontières nord de l'Inde, le « patriote » Nehru se contenta d'un flots de bonnes paroles, peu contrarié dans cette aventure par un autre « patriote », l'ex-ministre de la Défense Krishna Menon. Les troupes communistes chinoises repassèrent la frontière quand elles le voulurent bien, en gardant cette fois un   tracé   frontalier   modifié   à   leur   avantage.

<u>Le Cachemire et Goa</u>

Cette collection de déboires graves et d'échecs éclatants nous pousserait trop vite à conclure à une incapacité absolue. Selon le mot d'un journaliste anglais, le pandit était certes « incapable de déléguer son autorité »[61], mais cette Inde gigantesque livrée sans défense à l'envahisseur marxiste s'explique de façon très exacte par le phénomène de haute trahison. Madame Eve Curie avait explicitement noté en 1944 : « Je suis un intellectuel moderne (…) un socialiste marxiste, un athée et, aussi étonnant que cela puisse paraître, un leader des masses populaires de cette Inde médiévale et profondément religieuse. » [62]

Madame Eve Curie s'en étonnait. Il est sans doute permis d'ajouter à ce sentiment quelque dégoût pour ce « chef » qui trahissait la confiance des pauvres dont il était investi. Ce témoignage est recoupé par celui de George Gale, journaliste qui, rendant compte d'une conférence de presse de M. Nehru, écrit au moment de la menace chinoise : « Il préféra parler de Dieu et j'ai le sentiment que ce n'était pas un croyant. »

Dans ces conditions, comment l'illusion a-t-elle pu se répandre aussi commodément, si loin, et de façon si durable ? C'est simplement parce que l'on avait affaire à un Tartuffe consommé. Ce rejeton arrogant des brahmanes d'Allahabad, assez avide de sang en de nombreuses circonstances, a su hypocritement se revêtir de la robe

---

[61] *Daily Express*, 28 mai 1964
[62] In *Voyage parmi les guerriers*, tome II, page 213.

blanche du non-violent. Ce partisan avoué du camp de l'esclavage marxiste a su inventer la formule du « neutralisme» politique qui laisse croire aux innocents qu'elle représente la neutralité quand il s'agit, en fait, du contraire de la neutralité : le bellicisme. Mais sans le courage, sans la franchise, sans le risque et sans les efforts.

Pour ceux qui auraient oublié les violences de Nehru, rappelons la mise au pas sanglante de la tribu des Nagas ; l'invasion de l'Etat du Cachemire, l'invasion de Goa, menées par une armée nombreuse contre une poignée de soldats portugais ; rappelons aussi le refus d'organiser un libre référendum à Pondichéry, la persécution larvée exercée contre le clergé et les peuples chrétiens des Indes ; rappelons enfin la politique de surarmement en vue d'équiper l'armée hindoue pour envahir le Pakistan et non pour défendre les frontières de l'Inde.

Cet athée, pour parler à son peuple, invoquait Dieu en qui il ne croyait pas. Ce violent, rempli de haine invoquait la morale internationale. On peut lui rendre cette justice qu'il ne l'invoquait que dans la mesure où elle pouvait nuire au monde libre. Ainsi, le « sage » Nehru protesta contre l'expédition de Suez. Il n'était pas moral d'exercer des violences contre les voleurs. Mais il ne dit rien quand il vit la répression sanglante de l'insurrection du peuple hongrois par les blindés soviétiques... Comment un marxiste athée pourrait-il s'insurger contre un acte qui défie et insulte le droit naturel ?

Pour compléter ce portrait moral de « l'homme à la rose », ajoutons que dans des *Mémoires* trop peu lus, M. Nehru a écrit qu'il n'avait pas confiance en Gandhi. Quand on songe à la part de prestige que le vénérable Gandhi a fait rejaillir sur son indigne héritier, on mesure alors la délicatesse morale de Nehru.

Il n'est pas encore temps de s'interroger sur l'avenir des Indes qui pourraient difficilement tomber en de pires mains. Restons-en, aujourd'hui, aux funérailles du Tartuffe de Bandoung :

La cérémonie rituelle et religieuse de la crémation d'un athée prend un sens inattendu pour ces laudateurs abusés et dangereux pour ses thuriféraires à gages. Comme Goering et comme Eichmann, ses cendres seront dispersées aux quatre vents. La dépouille n'aura pas été portée en terre : Agrippa d'Aubigné l'a dit fortement : *« La terre n'aime pas le sang ni les ordures »* ; et Nehru a souillé la terre de sang tout en se proclamant pacifique. Il a été une des incarnations les plus importantes et les plus viles du mensonge. Il ne salit plus la lumière qui, selon une vieille tradition indo-aryenne, ne doit pas se poser sur ce qui est impur.

« Nehru est immortel », a clamé une foule de pauvres à qui *Le Monde* a consciemment menti au cours des trente ans de cette pitoyable carrière. Il n'en est rien. Le mensonge a encore de belles années à vivre, certes. Mais le mensonge ne peut engendrer que la mort. Dans l'économie naturelle des choses ou dans les desseins de la Providence, le mensonge, ce qui ressemble à M. Nehru, mourra. On se souviendra alors de la belle et fervente apostrophe de John Donne : « Mort, tu mourras ! »

--

Inde
Les errements de Madame Golda Meïr
4 janvier 1973

Il y a quelques mois à peine, d'ambassadeur d'Israël à Paris faisait des confidences très publiques à l'un de nos confrères de la presse du soir. Il lui disait, entre autres, combien il aimerait être invité par M. Pompidou dans son village du Cantal. La tentation d'un voyage en France – sinon auprès des principaux magistrats français – tourne maintenant à la frénésie chez les officiels israéliens.

Madame Golda Meïr - qui n'est pas seulement premier ministre à Tel-Aviv – mais qui exerce aussi les fonctions grandioses de vice-présidente de l'internationale socialiste – s'invite d'elle-même. Son ministre des affaires étrangères, M. Aba Eban, désire tout autant être reçu en France après les élections de mars prochain.

France-Israël : fascination
Une telle insistance qui bouscule autant les usages diplomatiques que les simples règles de bienséance et de retenue, paraît révéler un ordre de faits bien intéressants. Et il ne serait pas étonnant que ces réalités se résumassent en une seule, À savoir que les plus importants dirigeants israéliens n'ont pas la même idée de la France que notre

gauche unie, désunie ou filigranée À la marque du PSU. Pour ces Israéliens de qualité, dans les vues ne sont pas mal exprimées dans le quotidien *Maariv* [63], la France exercerait une influence prépondérante sur ses partenaires européens et britanniques. Pour notre gauche ineffable, la France est une puissance à négliger, de 20e ordre, ridicule à force de vouloir jouer un rôle. En somme, nous n'avons qu'à nous féliciter d'une si flatteuse appréciation du pouvoir de la France par les officiels israéliens, encore qu'elle puisse sembler bien exagérée.

… Et aversion

Somme toute, il y a une véritable fascination d'Israël à l'égard de la France, fascination qui, en même temps, est doublée d'une aversion violente. Pourquoi ?

L'État d'Israël est actuellement dans une passe difficile. Il peut aujourd'hui constater que s'il ne jouit plus dans le monde de l'estime et de l'amitié qu'il rencontrait avant la guerre des Six jours, il doit s'en prendre à lui-même. Plus que dans la politique française, les actes d'Israël puissance occupante, rappellent en Europe continentale de bien fâcheux souvenirs. Par le généreux moyen de la confiscation, par celui des achats officiels où la mitraillette est monnaie de compte, en fin par l'expropriation pure et simple et commode, des villageois arabes de la Cisjordanie font « place nette » À des colons juifs. Ces informations ne viennent pas de groupes palestiniens, mais bien de la presse israélienne. Elles sont en quelque sorte aggravées par les réflexions d'un ministre d'État, M. Galilli, qui déclare : « Il

---

[63] Numéro du 7 décembre 1972.

est impensable que nous construisions des agglomérations et des points d'habitations pour les abandonner ensuite » [64]et qui évoque par-là de funestes réminiscences.

Un certain aveuglement – qui préside à toute une politique émanée temps d'Israël que de l'international sioniste – tend à faire du gouvernement français le bouc émissaire de tous les mécomptes et déconvenues de Tel-Aviv. D'où une véritable guerre larvée contre la France.[65]

Dans cette perspective, la dernière trouvaille consiste à aider le bon M. Mitterrand à provoquer une « invitation » intéressée. Peu importent les vrais sentiments de Mme Meïr pour M. Mitterrand (une patriote comme elle ne doit guère estimer un politicien qui cherche à abaisser son pays). Le but visé consiste à affaiblir la France, à la faire rétrograder vers la IIIème et la IVème Républiques où la France était si plaisamment gouvernée de Londres ou de Washington. Et pourquoi les communistes de France ne collaboreraient-ils pas À la destruction de l'indépendance de leur pays ?

Pareille réaction hargneuse nous semble parfaitement déraisonnable.

<u>Un mauvais calcul</u>
Elle procède d'abord d'un oubli tragique de l'aide française à une époque où l'État d'Israël se trouvait seul, sans aide américaine et sans aide russe. Cette aide fut effective, efficace, décisive, en son temps unique. Tout laisse

---

[64] *Le Monde* du 25 décembre 1972.
[65] *La Terre retrouvée* du 1ᵉʳ janvier 1973.

croire qu'Israël n'en garde pas le souvenir, tout paraît démentir l'affirmation qu'un journal sioniste voudrait menaçante : « Le peuple juif n'a pas la mémoire courte », et la politique de Tel-Aviv se limite à une réaction épidermique aux légitimes remontrances françaises.

Il y aurait peut-être aussi, en l'occurrence, une manière inconsidérée de payer le gouvernement actuel des Etats-Unis qui a fourni à Israël plus d'armes que tous les précédents et qui voudrait arrêter par tous les moyens le renforcement de la croissance des puissances européennes. Mme Meïr paraît agir en duègne empressée de l'empire américain, en esclave obséquieuse. Elle ravale Israël au rang de colonie soumise.

On aimerait pouvoir lui dire, comme Joad à Abner dans l'*Athalie* de Racine :
« Je vois que l'injustice en secret vous irrite
Que vous avez encore le cœur israélite. »

À l'heure actuelle, elle s'apprête à rendre à M. Mitterrand le même mauvais service que M. Kiesinger [66] à M. Poher qui perdit, à cause d'un soutien intempestif, plusieurs centaines de milliers de voix. Et ce qui nous semble plus grave – car nous souhaitons l'équilibre et la paix en Orient – Mme Meïr, le cœur léger et les yeux aveugles, travaille dangereusement pour Israël.

--

------

[66] Chancelier allemand avant M. Brandt

Irak

L'Irak en marche

10 avril 1957

Le colonel Nasser, dans son opuscule dérisoire et révélateur, n'a conçu le panarabisme et la gloire des Etats arabes que sous son influence ou sa domination directe. Tous les Arabes ne professent pas les mêmes idées. Dans la course pour la prééminence, l'Irak d'aujourd'hui ne paraît pas en trop mauvaise place, cependant que l'Egypte compte les bienfaits d'Abdel Nasser : disparition des cadres économiques, limitation des achats en devises étrangères[67], effondrement de la livre égyptienne sur les marchés mondiaux. Il faut aussi dire un mot des récoltes de coton qui ont suivi un processus triangulaire, ignoré des économistes, devenant tanks et avions soviétiques pour finir en centres dans le désert du Sinaï. En Irak, la situation est bien différente. Au cours de cette dernière quinzaine, économie et politique se sont opportunément rejoints pour stabiliser le régime. Ses alliances en prennent une valeur plus assurée et la monarchie hachémite une plus grande liberté de mouvement.

L'économie

Dans l'essor de l'ancienne Mésopotamie, l'Office irakien de développement joue un rôle efficace et discret. Un journaliste anglais en a pu qualifier l'esprit en disant que l'Office – qui répartit les revenus pétroliers dans les grands travaux – travaillait cinquante et une semaines et ne se faisait de publicité que la cinquante-deuxième. Cette semaine de bilan fut féconde en coïncidences heureuses. En même temps que les autorités irakiennes inauguraient de nouvelles fondations, les premiers tankers expédiant du pétrole pour

---

[67] 40 millions de livres sterling pour les trois premiers mois de l'année.

l'Europe se mettaient en route et, des Bermudes, on apprenait que les Etats-Unis se joignaient au pace militaire de Bagdad.

Parmi les réalisations spectaculaires de l'année, on peut compter la construction de deux nouveaux ponts à Bagdad et l'ouverture de deux grandes usines. Les deux ponts sur le Tigre améliorent sensiblement la circulation dans une ville qui approche du million d'habitants, en reliant des quartiers essentiels à la vie commerciale. Quant aux usines, la première établie à Mossoul est consacrée aux textiles : on préparera du ciment dans l'autre, à Sulaymānīyah. Les deux usines sont dotées d'habitations ouvrières modèles. Tant de nouveautés accomplies pour le Nord font dire plaisamment aux gens de Bassora, riverains du Golfe persique : « Dans ce pays, l'impérialisme est l'impérialisme de Mossoul. » En même temps, on constate une multiplication des canaux de drainage. Le lavage des sels en surface permet le défrichement de territoires qui furent fertiles sous les Abbassides. Noury el Saïd a distribué aux fellahs les premiers titres de propriété sur les terres défrichées. D'autre part, Mars ayant été particulièrement pluvieux, une crue énorme du Tigre aurait été à craindre si des ouvrages d'art n'avaient permis d'expédier les deux tiers du fleuve dans le Wadi Tharthar. Bagdad évite ainsi tout danger d'inondation. Si l'on se rappelle que les désastres de 1954 s'élevèrent à 25 millions de livres, on estime que les 16 millions dépensés pour le projet Tharthar furent bien placés.

L'intérieur

Le climat politique intérieur va de pair avec les progrès économiques. Les témoins des fêtes d'inauguration ont rapporté l'enthousiasme d'une foule de 50.000 personnes pour laquelle il n'y avait que 250 policiers environ. On doute, aujourd'hui, que le Bikbachi puisse en faire autant au Caire. Les observateurs ont également noté que l'arrivée de Noury

Pacha a suscité des applaudissements et que Fayçal II a été follement acclamé.

Ces indices montrent que l'opinion publique irakienne – qui avait été perplexe au moment de la remise en selle de Nasser par M. Dulles en novembre – s'est parfaitement ressaisie.

L'expansion

Il n'y a pas si longtemps que tout l'Orient était infesté par les agents d'Abdel Nasser. Le scénario de la provocation « nassérienne » se répétait presque toujours de la même manière. Un attaché militaire égyptien très remuant, « noyautait » l'état-major du pays arabe menacé. Au premier réflexe de défense, les groupuscules politiques d'extrême-gauche donnaient un soutien prodigieusement bruyant au complot « nassériste ». Dans les grandes occasions, la radio de Moscou donnait de la voix et l'indépendance des pays visés par cette sollicitude ne valait plus cher.

Aujourd'hui, le climat est un peu différent. Si l'Irak n'a pas commencé les hostilités avec Nasser, non seulement il se défend bien, mais il prend aussi l'initiative. On peut en voir un signe appréciable dans le résultat de la mission soudanaise de bonne volonté en Irak, qui s'achève « par un accord complet sur les problèmes politiques, économiques et culturels. » Cet accord se traduit par un encouragement donné à l'investissement de capitaux irakiens pour le développement économique du Soudan. Des succursales de banques irakiennes seront ouvertes à Khartoum. Mohamed Ahmed Mahgoub, ministre soudanais des Affaires Etrangères a, d'autre part, rappelé que le Soudan interprète la neutralité « dans le sens ordinaire de ce mot. »

En ce moment, il apparaît que le cauchemar totalitaire et impérialiste d'Abdel Nasser aboutit à menacer l'influence

égyptienne aux sources mêmes du Nil. Un patriote égyptien
aurait peut-être agi autrement.

--

Irak

Les successeurs de Rachid Ali

16 juillet 1958

M. Dulles n'a pas fini de cueillir les fruits
empoisonnés de sa politique orientale. En bien peu de temps
il a amoncelé une quantité extraordinaire de désastres. Il ne
lui reste aujourd'hui d'autre ressource que de penser ou de
dire comme Bovary : « C'est la faute de la fatalité.» Mais il est
beaucoup plus dangereux que les personnages de Flaubert.
Les hommes responsables du monde libre doivent se rendre
compte que le chef de la diplomatie américaine est un esprit
faux et que, suivant le monde du professeur de Corte : « Le
propre de l'esprit faux et de le rester. »

Les événements lamentables que l'Irak subit depuis le
14 juillet au matin pouvait lui être évité. Mais comment ne
pas les provoquer lorsqu'on a, comme M. Dulles, soutenu
avec une opiniâtreté épaisse des décisions qui procède d'une
débilité intellectuelle rare ? Il n'est pas inutile de les énumérer
et de commencer par la faute originelle : Suez.

Quand l'honorable secrétaire d'État mourra, il verra
Suez en lettres de feu dans sa tombe. Depuis, une dose
minime le sens commun suffisait à dénoncer comme absurde
et contradictoire sa politique à la fin de 1956. Notre grand
homme venait de sauver un misérable de la catastrophe et de

la colère du peuple égyptien : au lieu de le soutenir tout à fait, il entreprit le blocus économique de l'Égypte. Puis, quand le blocus commençait à donner des résultats, M. Dulles affolé laissa des secours arriver au bikbachi et fit pression, par l'intermédiaire de la Banque Internationale pour que la compagnie de Suez signe un accord avec son voleur. En même temps – faisant preuve par là d'une ignorance déconcertante – M. Dulles décernait à Abdel Nasser, à ses tueurs et à ses sicaires, le diplôme de « Nationalistes arabes ». C'est absurde car rien ne sera compris au problème de l'Irak si l'on ne sait pas que Nouri El Saïd est historiquement l'un des premiers combattants du nationalisme arabe. Ce Kurde, élève de l'académie militaire d'Istanbul, n'a pas attendu les conseils de M. Abdel Nasser pour se soulever en 1910 contre les Ottomans afin d'obtenir l'indépendance de Bagdad. Il diffère très profondément de Nasser car, à travers l'Occident, l'Arabisme ou la Russie, il a le sentiment que la civilisation est indivisible. Tout le contraire d'un barbare, c'est le premier homme d'Etat de l'Orient contemporain.

Depuis le 14, aucune nouvelle sûre venue de Bagdad. À travers le chaos, nous avons noté avec réconfort l'annonce de la décision du roi Hussein de Jordanie. Grâce à lui, il n'y aura pas de vacances de l'État : il régnera sur la Jordanie et l'Irak dans le cas où son cousin aurait été assassiné. Le destin du monde dépend peut-être de ce jeune prince arabe qui a montré dans un passé proche tant de sang-froid et d'énergie. Le seul moyen d'éviter une guerre mondiale, on ne peut le trouver que dans la lutte immédiate contre les agents nassériens.

C'est Nasser que l'on acclame quand on assassine ou que l'on brûle en Orient arabe de 1958. C'est le précédent pronazi de Rachid Ali qui est invoqué et ce par les terroristes maîtres de la rue à Bagdad. Si toute raison et tout courage n'ont pas déserté les chefs occidentaux, il importe plus que jamais d'abattre Abdel Nasser. L'affaire irakienne va bien au-delà d'une simple affaire de pétrole. Il est très ennuyeux de manquer de pétrole, dirait Bernanos ; mais il est beaucoup plus grave de manquer d'honneur. Si les alliés occidentaux des arabes ne le secourent pas, ils vont se déshonorer pour longtemps.

S'ils les secourent, ils ne pourront se contenter de demi-mesures. L'Irak de Nouri El Saïd et de la monarchie hachémite consacrait 75 % des revenus pétroliers à un fonds de développement : à partir de barrages et de grands travaux, on bâtissait l'avenir des Irakiens. Nasser consacre cette proportion du budget de l'Égypte à payer les armes soviétiques, à renforcer la police politique, à entretenir des agitateurs et les sicaires dans les pays arabes « frères». Comparez   est   ici   juger.

Le titre du *Monde* de lundi rapportait le meurtre de l'ancien régent d'Irak en des termes peut-être sadiques. En revanche, devant ces assassinats au service des Soviets, l'honnête homme risque de souhaiter qu'Abdel Nasser soit pendu et que son cadavre soit dévoré par les chiens ; le politique digne de ce nom lui prépare ce destin. En dehors de cette solution politique et morale, il n'y aura bientôt plus d'aboutissement.

--

Irak
La soviétisation ralentie de l'Irak

12 août 1959

Dans leur mainmise sur l'Irak, les soviets ont probablement tiré le fruit de la coûteuse expérience hongroise de Bela Kun. Au lieu de procéder à une communication immédiate, ils ont préféré attendre et À assurer leur conquête par une lente progression.

Une soviétisation trop rapide aurait eu le double danger de mettre certains occidentaux devant leurs responsabilités et de susciter des réactions violentes et imprévisibles dans l'opinion arabe. Aussi, la sauvagerie des crimes commis et l'importance même de la proie politique ont conduit à atténuer autant qu'il était possible les répercussions apparentes. Le Pacte de Bagdad, lieu géométrique de toutes les polémiques de presse communiste ou nassérienne, ne fut répudié que plusieurs mois après le coup d'Etat de juillet 1958. Il n'y a que deux mois à peine que la monnaie irakienne s'est détachée du bloc sterling. De même, la base aérienne britannique de Habbaniyya n'a pas totalement été évacuée. L'Irak, enfin, n'a pas été contraint de sacrifier son entité à la république arabe unie.

Jusqu'à présent cet « habillage », cette présentation du régime de Kassem parfaitement réussi. Décevant la jobardise de certains journalistes, un régime invoquant le 14 juillet a de plus mauvaises relations avec la république française que celui de Noury El Sayed. Le Royaume-Uni garde des miettes appréciées. Les privilèges de l'I.p.c. demeurent saufs. Le « libéral » de type occidental a infiniment goûté qu'on lui masque les périls par des euphémismes, que les désastres soient verbalement sous-estimés ; il renonce volontiers à ses intérêts fondamentaux, à long terme, pourvu que l'on ne rogne pas trop ses intérêts de l'heure. Il préfère cent fois retarder un peu l'échéance que d'affronter les difficultés. Le roi Hussein de Jordanie, chef de la fédération hachémite, aurait pu avoir affaire avec des alliés intelligents. Il traite avec des alliés libéraux. M. Khrouchtchev possède une remarquable psychologie du libéral.

Cette temporisation permet la mise en place d'éléments de soviétisation à terme. Le plan d'équipement du régime Kassem a été dressé par l'URSS et dès maintenant Moscou contrôle tout le secteur pétrolier de l'économie irakienne et lui prépare un régime d'autarcie. Le contrôle de tout le développement économique ne constitue pas le seul facteur de soviétisation.

On sait en effet que le parti communiste irakien demeure bien plus actif que le nombre restreint de militants ne le laisserait croire. Son zèle peut parfois être intempestif. On a appris de source égyptienne que, à Al Hamza, une amende a frappé tous ceux qui est refusaient de signer des pétitions communistes en faveur d'un « Front ». Ce fut bien pire à El Karkh où la population réfractaire aux pétitions subi des sévices. En outre, l'armée ne peut être tenue pour sûre. Récemment, des manifestants communistes ont acclamé pour nouveau chef l'akid Galal El Awkati, commandant des forces aériennes.

Dans l'ensemble, les nouvelles parviennent d'Irak dans un pullulement contradictoire. Elles révèlent cependant un attentisme général. Devant des faiblesses occidentales graves, survenues ailleurs, les Soviets pourraient modifier leur conduite générale et leur vitesse. Pour l'heure, Kassem temporise, louvoie.

Quelles qu'en soient les causes, il existe en ce moment quelques éléments positifs touchant l'Irak considéré comme un Etat. Kassem prend grand soin, a-t-on remarqué, d'associer les Kurdes à sa politique. Son refus de collaborer avec Nasser a stoppé le mouvement raciste pseudo arabe. Temps que l'Irak se développe dans son cadre géographique actuel, il y a place dans l'Etat aussi bien pour les Kurdes (de race aryenne) que pour les Arabes musulmans (sunnites ou non). Un monstre racial panarabe justifierait moralement et politiquement la préparation d'un Kurdistan qui rechercherait ses territoires en Iran, en Syrie, en Turquie et en URSS. Or, l'Etat irakien semble actuellement solide. Dans une brochure intitulée « Les Kurdes et la question kurde », le Dr Chaker Khosbak écrit : « Nous sommes des Irakiens d'abord et des Arabes et des Kurdes ensuite. »

L'unité irakienne défendue nous vaut aussi un monument de drôlerie, un document politique de belle importance. Un journaliste hindou en aura été l'accoucheur.[68]

La querelle publique, résumée en ces textes, qui a opposé le Bikbachi à M. K., permet aux peuples d'Orient d'apprendre beaucoup d'utiles vérités sur le communisme et son fourrier nassérien. Elles viennent des intéressés eux-mêmes qui sont orfèvres. L'étude approfondie de leurs déclarations aurait un intérêt tout particulier.

--

Irak
Le problème national kurde
18 octobre 1961

---

[68] Dans sa livraison de juin-juillet, la revue *Orient* procure le texte intégral des interwiouves accordées par MM. Nasser et Khrouchtchev à M. Karandjia, de la revue *Blitz.*

En l'an 2573, de l'ère kurde[69], où en est le problème national pour ce peuple qui compte parmi les plus anciennement connu dans l'histoire ? On aura les éléments d'une réponse globale après avoir déterminé le sort actuel de cette ethnie de dix millions d'hommes répartis entre l'Irak, la Syrie, l'Iran, la Turquie et l'URSS.

Il n'est pas inutile de connaître son aire de peuplement. Les Kurdes habitent la partie septentrionale de la bordure occidentale de l'Iran. Ils appartiennent, semble-t-il, à un très vieux fonds indo-européen. Naguère encore nomades, ils se sont aujourd'hui sédentarisés. Comme ils restent turbulents et qu'ils continuent à entretenir des rapports avec les Kurdes des autres pays, leurs activités deviennent, selon les circonstances un sujet d'inquiétude ou un objet de manœuvres pour les cinq Etats qui se les partagent.

On se souvient que la ville appelée de nos jours Hamadān par les Iraniens porta jadis le nom d'Ecbatane. Elle remonte aux origines les plus reculées de l'Iran. Hérodote la décrivait déjà comme une cité ancienne. A la lisière méridionale du Kurdistan, dans un bassin fertile, Hamadān fut le séjour d'été préféré des souverains achéménides : Alexandre s'y arrêta. Elle fut plus tard une résidence sassanide. Après la conquête arabe, son importance déclina, mais elle retrouva pourtant, par intermittence, un rôle politique. Etape essentielle sur la grande route de Téhéran à Bagdad, Hamadān conserve de

---

[69] L'ère kurde commence en 612 avant Jésus-Christ, date de la prise de Ninive par les Mèdes.

nos jours, grâce à cette position, une assez grande activité. Ce serait tout naturellement la capitale historique aussi bien que géopolitique d'un Kurdistan qui, par miracle, conquerrait son indépendance.

Si on en revient aux Mèdes, on constate que ce peuple de langue iranienne occupait la région septentrionale de la Perse. Ils paraissent avoir été organisés en petites principautés semi-indépendantes soumises aux Assyriens qui les mentionnent dans leurs annales. Au 7ème siècle avant Jésus-Christ, Cyaxare les unifie en un royaume dont le centre est à Ecbatane et s'affranchit des Assyriens. On ne sait presque rien d'autre des Mèdes si ce n'est qu'ils ont préparé l'empire achéménide et qu'ils ont établi en Iran, comme l'écrit Emile Benveniste « un commencement d'unité politique et ont posé les bases d'un système d'administration que leurs successeurs devaient reprendre et développer. »

Au 20ème siècle, la première révolte kurde importante éclate en Irak où cheikh Mehmoud se proclame roi du Kurdistan irakien en 1919. Ce premier éclat n'a pas de suite immédiate. De 1925 à 1936, de grandes révoltes kurdes éclatent dans la Turquie kémaliste : en cette période l'Union soviétique offrira à Atatürk un concours précieux pour écraser la rébellion. Bien entendu, et les communistes kurdes approuvent ce moment de la politique soviétique qui vint à bout de cheikh Seïd.

En Iran même, l'Union soviétique déclencha, à la fin de la deuxième guerre mondiale, une sédition de l'Azerbaïdjan iranien, en même temps qu'une révolte des

Kurdes. Le 11 janvier 1946 était proclamée une nouvelle
« république kurde autonome de Maharabad ». On voit par
son nom même qu'elle était coulée dans le moule fédératif
des républiques soviétiques. Il faut croire que c'était surtout
un moyen de chantage pour arracher à l'Iran un accord
pétrolier en faveur de la Russie. En effet, le traité conclu,
l'Union soviétique laissa un an plus tard l'armée impériale
supprimer le nouvel Etat kurde et Mollah Mustapha Barzani
alla se réfugier en URSS.

En septembre 1950, la tribu Javanroud se souleva. Ce
fut alors au tour des communistes d'accuser les Américains
et les Britanniques d'avoir provoqué le soulèvement afin de
pousser l'Iran à entrer dans l'alliance du monde libre.

Aujourd'hui Mollah Mustapha Barzani a repris ses
activités, mais en Irak cette fois. Les hypothèses sont
multiples : s'agit-il d'une pression britannique sur Kassem à
la veille du renouvellement des accords avec la Compagnie
Irakienne des Pétroles (CIP) ? Ou bien les Soviets veulent-ils
faire sentir à Kassem combien l'existence même de l'Irak est
tributaire de leur bon vouloir ? Comme il n'existe que cent
mille Kurdes dans le Kurdistan soviétique, l'URSS peut en
effet user de ce chantage sans trop de danger pour ses
propres frontières.

S'il se formait un jour un Etat du Kurdistan, il lui
faudrait de toute manière le parrainage d'une ou plusieurs
grandes puissances. Une fois formé, on imaginerait très bien
qu'il se rapprochât de l'Iran, en raison de ses affinités raciales
et linguistiques avec la Perse : l'étendue et l'influence de

l'empire ne s'en trouveraient qu'agrandies. En revanche, que l'on remplace les Mèdes et les Assyriens par leurs héritiers d'aujourd'hui, cette phrase de Bossuet dans le *Discours sur l'histoire universelle* reste une clé de la politique orientale. *Les Mèdes qui avaient détruit le premier empire des Assyriens, détruisirent encore le second, comme si cette nation eût dû être toujours fatale à la grandeur assyrienne.*

La création d'un Kurdistan indépendant entraînerait la fin de l'Irak.

--

Irak
Les Kurdes l'emportent sur Kassem
1er août 1962

Les succès que viennent de remporter les insurgés kurdes en Irak sont remarquables à bien des égards. Non seulement le Kurdistan irakien est tout entier abandonné par les soldats de Kassem, mais déjà les zones libérées sont prises en main par un rudiment d'administration kurde. L'importance des effectifs irakiens engagés, les méthodes expéditives et cruelles employées dans la répression n'ont servi de rien. De plus, au cours de son récent voyage aux Etats-Unis, l'émir Bédir Khan, qui représente le mollah Barzani à l'étranger, a trouvé, cette fois, un accueil très favorable, aussi bien à l'ONU qu'auprès des sénateurs et des hauts fonctionnaires américains. Les diplomates de nombreux pays africains ont promis leur appui à la cause kurde. On peut aussi mesurer, en parcourant la presse française et internationale, combien l'audience des Kurdes s'est brusquement étendue. C'est d'abord par l'Agence

France-Presse, le 10 août dernier, puis le 16 août, par le correspondant de Radio-Lausanne, que certaines précisions ont été données sur la situation militaire en Irak. Il n'est pas inutile de les reprendre et de les compléter au besoin.

Pour réduire l'insurrection kurde, le général Kassem a engagé une armée de trente mille hommes, dotée d'armement lourd et appuyée par l'aviation. A cela s'ajoute l'utilisation de la police irakienne, qui dispose en temps ordinaire de mitraillettes, de mitrailleuses légères et de mitrailleuses lourdes. Les forces armées kurdes s'élèvent, dit-on, à quatre ou cinq mille hommes. Leur tactique ordinaire est celle de la guérilla. Toutefois, les forces kurdes ont eu affaire à des formations de quatre à cinq mille hommes et elles ont participé à des batailles rangées qui ont parfois duré deux et trois jours consécutifs. Si l'insurrection a commencé avec de vieux fusils français, de vieux Mauser et des fusils de chasse, elle bénéficie aujourd'hui de l'armement moderne qui a été pris à l'armée irakienne.

D'autre part, les forces sont bien organisées. Elles sont, entre autres, dirigées par les officiers kurdes qui ont déserté de l'armée irakienne. Le Parti démocratique du Kurdistan, qui comptait seize sections à l'intérieur du pays, a fourni un rudiment d'administration. L'état-major du général Barzani est à la fois militaire et civil. On a dit que des Kurdes passent en Iran et en Turquie. (A peu près six cents en Turquie et huit cents en Iran). Ce sont les partisans des chefs kurdes qui collaboraient avec Kassem et qui, auparavant, avaient fait le jeu des Anglais. Il s'agit en tout de trois clans, dont celui des Zibars et de Bradoste. La migration de ces quelque deux mille personnes procure au Kurdistan irakien l'unité absolue. Avec le quartier général de Barzani, placé en Barzan et Rowendouz, on peut compter quatre autres postes de commandement : à Mossoul, à Kirkouk, Erbil et Souleymaniyyé.

Au cours de l'été, les forces kurdes ont fait quatre mille prisonniers irakiens. Ces derniers n'ont pas subi de sévices. Une fois leurs armes remises aux Kurdes, ils ont été purement et simplement libérés. Il faut compter, en dehors des armes, la capture de postes émetteurs-récepteurs, qui permettent de surveiller les mouvements de l'armée irakienne.

Il y a pourtant une ombre au tableau : c'est l'organisation sanitaire, qui est défectueuse. L'absence de médicaments se fait durement sentir. La situation sanitaire est alarmante en ce qui concerne la population civile. Près de mille villages kurdes ont été détruits ou brûlés. De ce fait, cent mille femmes, enfants et vieillards sont sans abri et vont aborder dans les pires conditions un hiver très rigoureux. En dehors de toute considération politique, il est urgent de préparer des secours pour ces civils éprouvés par les bombardements irakiens.

Si l'on compare maintenant les succès militaires et politiques des Kurdes à ce qui forme leurs revendications, on est obligé de reconnaître qu'elles sont tout à fait raisonnables et mesurées : les Kurdes demandent simplement leur autonomie complète, dans le cadre de l'Irak. Il est temps que l'on fasse droit à cette demande.

Déjà, le Traité de Sèvres du 10 août 1920, dans ses articles 62 et 64, prévoyait l'autonomie et même l'indépendance des Kurdes d'Irak. Deux ans plus tard, le 24 décembre 1922, le haut commissaire britannique à Bagdad déclarait : « Le gouvernement de sa Majesté britannique et le gouvernement de l'Irak reconnaissent les droits des Kurdes vivant dans les frontières de l'Irak à établir un gouvernement kurde à l'intérieur de ces frontières. »

Les Kurdes d'Irak ne cherchent pas à obtenir davantage que e qui leur a été reconnu à maintes reprises dans le passé et jusque dans l'article 3 de la constitution irakienne de 1958, qui pose l'égalité des Arabes et des Kurdes à l'intérieur de l'Etat. Lorsque les Kurdes ont simplement cherché à voir la constitution appliquée, Kassem a répondu en envoyant deux divisions sur le terrain et en bombardant des villages... Un peuple entier s'est dressé contre lui.

L'histoire a montré que les lois politiques ignorent souvent les droits et la justice. Il ne suffisait donc pas aux patriotes kurdes de combattre pour une juste cause pour voir celle-ci triompher : il fallait aussi rassembler des éléments matériels dans l'ordre simplement politique. Ces conditions paraissent réunies : puisque le pouvoir de Kassem n'a pas beaucoup d'assiette, que son tempérament l'incite à l'opportunisme, il sera obligé de traiter ou de démissionner. D'autant plus qu'une part de l'armée irakienne ressent ses défaites comme un affront inutile, que des personnalités arabes de Bagdad font pression sur Kassem pour qu'il donne

aux Kurdes leur bien essentiel.[70] Le respect des installations
pétrolières et industrielles, l'absence sincère de xénophobie
chez les maquisards kurdes, peuvent rassurer les
Occidentaux les moins bien renseignés. Après des siècles
d'épreuves, le peuple kurde peut recouvrer ce qui lui
appartient.

--

Irak

En Irak, la patience armée des Kurdes

6 février 1963

Un mois après le renversement du régime de Kassem,
certaines précisions commencent à se faire jour sur les
préparatifs du coup d'Etat. On sait, entre autres, que le
comité militaire qui l'a dirigé avait pris des contacts avec le
commandement kurde. Il était en effet impossible de réussir
une telle entreprise sans s'assurer sinon l'appui des Kurdes,
du moins leur neutralité. En échange de cette neutralité, les
Kurdes s'étaient vu promettre l'autonomie du Kurdistan
d'Irak. Pour leur part, ils ont ponctuellement tenu leurs
engagements : le lendemain du coup d'Etat, ils arrêtèrent les
hostilités. D'autre part, le gouvernement irakien de
Souleïmaniyé fut averti qu'un armistice de fait entrait en
application. Et pourtant, après une attente assez fébrile des
Kurdes, le comité n'a évoqué à radio-Bagdad que la
décentralisation.

On imagine facilement la déception des Kurdes qui
ont le sentiment d'avoir été joués. Malgré leur très sincère
désir d'une solution pacifique de leur différend avec les
Arabes, ils entendent que leurs sacrifices ne demeurent pas

---

[70] Il s'agit de MM. Tchaderdji, Ibrahim Koubbeth, Hadid.

inutiles. Il est donc peu probable qu'ils considèrent la question comme réglée.

Les chefs kurdes peuvent néanmoins se flatter d'avoir obtenu des résultats qui n'ont pas eu d'équivalent en un siècle. Au cours de cette période, chaque révolte kurde a été suivie d'une terrible et sanglante répression. Cette fois, n'en déplaise aux censeurs communistes de Mollah Barzani[71] on a pu noter quelques différences appréciables. Il en est d'ordre moral ; il en est aussi de matérielles. Nous les mentionnons toutes.

Pour la première fois, la radio de Bagdad a salué « la glorieuse révolution kurde ». Elle a en outre attribué toutes les responsabilités de la guerre au gouvernement de Bagdad. Ce double aveu public apporte aux patriotes kurdes un important bénéfice moral. Il donne en outre aux masses populaires d'Irak une information sur la question kurde. Enfin, les prisonniers sont libérés, l'amnistie est déclarée pour les faits de guerre et des pourparlers sont en cours. Ces éléments n'étaient pas à négliger.

Il reste que le gouvernement de Bagdad garde un moyen de pression avec la menace de l'Union des pays arabes. C'est là un danger redoutable pour les Kurdes, surtout dans le cas où cette « Union » représenterait essentiellement un « Anschluss » entre l'Egypte et l'Irak, où Nasser prêterait ses gendarmes à son acolyte Aref.[72]

---

[71] Pierre Rossi, qui devient Pierre d'Istria en écrivant dans la *Tribune des Nations*, reproche à Barzani de se battre en patriote kurde sans tenir compte des intérêts supérieurs de l'URSS. Or, on sait qui est M. Pierre Rossi : on ne peut donc pas le prendre au sérieux.

[72] En 1959 déjà, Nasser se plaignait du zèle intempestif du colonel Aref.

Cette menace est si apparente, si évidente dans ses effets probables qu'elle rend plus aiguë la vigilance de tout le peuple du Kurdistan d'Irak. Si elle recevait un commencement d'exécution, elle pourrait conduire les Kurdes à souhaiter, à préparer et à obtenir, au-delà de tout système d'autonomie interne, l'indépendance pure et simple.

A l'heure actuelle, le temps qui s'écoule permet aux Kurde de renforcer leurs positions. Aux armes qu'ils ont déjà, s'en ajoutent de nouvelles. Plusieurs observateurs soupçonneux reprochaient naguère aux Kurdes de pactiser avec les communistes et de mener leur combat. Mollah Mostapha Barzani n'était rien d'autre qu'un suppôt de Satan. En ce moment, d'autres observateurs et M. Rossi)qui doit être bien près de la C.I.A.) « savent » que Barzani travaille pour la centrale américaine. Selon ses croyances ou illusions successives, M. Pierre Rossi a fait l'éloge de Barzani ou l'a bassement injurié, interprétant avec une changeante fantaisie les événements de Kirkouk et de Mossoul en 1959. Il s'est en fait couvert de ridicule.

La vérité, bien contrariante, apparaît comme beaucoup plus simple : les Kurdes se battent pour vivre et faire valoir leurs droits élémentaires. Ils pourraient, s'ils le voulaient, s'inféoder à une puissance quelconque qui hâterait indépendance ou autonomie théorique en faisant peser sur elles de lourdes hypothèques. Il s'agirait ainsi de quitter une dépendance pour une autre. Les Kurdes ont préféré le chemin sûr.

Déjà en 1948, dans un mémorandum remis par la délégation kurde, il était précisé que la solution équitable de la question kurde est « à la base même de toute stabilité au Moyen-Orient. »

Mais aujourd'hui, cette communication presque confidentielle a fait son chemin. L'opinion mondiale est avertie. Les nouveaux maîtres de l'Irak ne pourraient ignorer cette réalité que dangereusement.

--

Irak

L'Irak d'après Kassem

13 février 1963

Aux premières heures du matin, le 8 février dernier, des éléments pronassériens de l'armée irakienne se sont emparés du pouvoir à Bagdad. Le général Kassem a été assassiné par les auteurs du putsch. Ainsi, celui qui avait ordonné, il y a près de cinq ans, le meurtre du roi Fayçal et de Nouri El Saïd vient lui-même d'être tué dans les circonstances si semblables qu'elles suggèrent une leçon morale en même temps qu'un enseignement politique. La « révolution » voit donc ses funestes enfants s'entredévorer une fois de plus. Notons, en effet, que le colonel Aref, nassérien gracié par Kassem n'a rien fait pour sauver celui dont il fut le principal complice et qui fut généreux envers lui. Il y a des degrés dans le crime : un nassérien actif, en l'occurrence, et fortement doué pour l'abjection.

Sans nous attarder sur le retentissement moral de l'événement, il convient de noter que Kassem et son régime succombent à une longue usure du pouvoir. Cette dégradation s'est précipitée au cours des douze derniers mois et il n'est pas inutile d'en rappeler les causes. Kassem représentait en définitive une forme de nationalisme irakien ; il voulait affranchir Bagdad de la tutelle britannique ou occidentale ; il n'acceptait pas de la remplacer par la férule soviétique. C'est pourquoi ne laissant aucun gage important aux communistes, il ne pouvait compter sur leur appui. En outre, tenant compte de la multiplicité raciale de l'Irak, il refusait le racisme pseudo-arabe de Nasser. Il était donc contraint de se battre sur plusieurs fronts à la fois, mais les deux difficultés déterminantes furent le problème du Koweït et surtout l'insurrection kurde.

Quand la Grande-Bretagne proclama l'indépendance du Koweït le 19 juin 1961, ce fut une grande déception pour Kassem. Le richissime émirat pétrolier lui échappait. Il s'empressa alors d'affirmer les droits de l'Irak sur ce territoire et de rompre les relations diplomatiques avec chacun des Etats qui reconnaîtrait l'indépendance de l'émirat. Des ruptures nombreuses ont suivi qui ont rendu plus redoutable l'isolement de l'Irak.

L'insurrection kurde s'est déclenchée en juillet 1961 quand les Kurdes se sont aperçu que le régime de Kassem ne tenait aucun des engagements qu'il avait pris en juillet 1958. La dissidence d'une minorité très importante allait essouffler l'Irak. Le drame allait se jouer selon un scénario prévisible et qui a parfois été prévu. [73] Il est vrai que d'autres n'avaient rien prévu et que certains se sont couverts de ridicule en anticipant tout de travers : quelques diplomates et quelques journalistes qui n'ont pas misé sur le bon cheval.[74] La *Tribune des Nations* est même allée jusqu'à écrire à propos de

---

[73] Cf. *Irak Rouge* ? de François de Sainte Marie, paru à la Table Ronde en octobre 1960 – voir particulièrement les pages 253-254.
[74] Le Monde, le Quai d'Orsay et la RTF

l'autorité de Kassem : « ... cette fois-ci la position irakienne est singulièrement plus forte que sous Rachid Ali. »[75]

D'autre part, le ton satisfait avec lequel M. Lincoln Wright, porte-parole du Département d'Etat, a évoqué les mesures « anticommunistes » prises par les colonels Aref et Abdelkarim Mustapha laissent entendre que les Etats-Unis ne sont pas étrangers au coup de grâce porté à Kassem. La légendaire balourdise américaine et le soutien inconditionnel que la Maison Blanche au racisme pseudo-arabe de Nasser invitent à observer avec une attention inquiète l'ensemble de l'échiquier oriental. C'est à ce prix que Nasser pourra rejoindre utilement Kassem.

La Turquie et l'Iran, la Syrie, la Jordanie et l'Arabie, ne verraient pas sans dommage un soutien aveugle des Etats-Unis à l'extension du totalitarisme nassérien. En effet, livré à ses seules forces, embourbée dans une guerre coloniale au Yémen, Nasser limiterait ses ambitions.

En ce qui concerne les Kurdes d'Irak, la disparition de Kassem est dans un premier temps un beau succès pour le mouvement national. Ils savent pourtant qu'ils ont tout à craindre d'un nassérisme raciste. Le ralliement des partis démocrates kurdes est sans nul doute un ralliement réfléchi. On sait d'ailleurs que le général Fouad Aref n'a rien de commun avec son homonyme le colonel Abdelsalam Aref. L'équipe révolutionnaire aujourd'hui en place s'est engagée à respecter les intérêts étrangers en Irak. Les Kurdes ne verraient leurs droits nationaux effectivement reconnus en

---

[75] Numéro du 10 février 1963

Irak que s'ils les revendiquaient et obtenaient la protection
de lois internationales. La succession de Kassem offre mille
possibilités aux peuples libres d'Orient à condition de
franchir les obstacles que présentent, l'ignorance ou encore
l'indifférence de grands Etats.

--

Irak

Les histoires de Bagdad

4 décembre 1963

Les événements du 18 novembre dernier à Bagdad
paraissent avoir ajouté à la complexité des difficultés
orientales et à la confusion des problèmes irakiens. Dans les
premières heures du coup d'Etat attribué au « maréchal
Abdelsalam Aref » les correspondants de presse signalaient
une victoire des nassériens d'Irak, un écrasement des
« Baathistes ». La radio du Caire s'empressait d'ailleurs
d'exulter : le Nassérisme se paie très fréquemment de mots à
défaut de réalité. Les vives appréhensions formulées par le
Baath damasquin ne pouvaient que confirmer l'interprétation
de cette nouvelle aventure.

Pourtant, depuis le 18, Aref a rectifié le tir. Il est bien
probable que son opération a été déclenchée trop tôt. De
même qu'en 1958 où Nasser, à Damas, l'accusait d'un excès
de zèle ruineux en disant : « il a brûlé ma maison ». Aref,
cette fois encore, a paralysé ses complices nassériens en
raison même de sa précipitation. Les réactions profondes des
pays arabes le prouvent et tout d'abord les réactions en Irak.

On a pu voir en effet que les troupes « baathistes » n'ont été que partiellement désarmées. On sait en outre que le maréchal Aref n'a pu compter sur l'appui d'aucun groupement politique d'Irak. On peut noter aussi que les colonies irakiennes dans les grandes capitales étrangères – et notamment la jeunesse étudiante – ont pris position avec éclat en faveur du « Baath ». Les étudiants irakiens de Londres, en particulier, ont conspué Aref dans le quartier de Kensington où se trouve leur ambassade. Et l'ambassadeur d'Irak, le Dr El Bazzaz, a consenti à les recevoir, malgré la maladie diplomatique qui le retenait au lit. C'était pour leur donner l'assurance que le nouveau gouvernement irakien serait formé en accord avec le « Baath. »

En ce moment, aucune solution politique n'a pu être donnée à l'imbroglio irakien. Il ne serait pas surprenant de le voir durer. Et on est bien contraint de reconnaître que depuis le coup d'Etat sanglant du 14 juillet 1958, poursuivi par les arrêts sanguinaires des tribunaux de Mahdaoui, la répression de Mahdaoui compensée à son tour par les exécutions entreprises par les « Baathistes » qui s'installent par le régime du 8 février (14 Ramadan), l'Irak vit sous la tyrannie et les bras sanglants des tueurs.

Il serait trop facile de soutenir que cette anarchie sinistre et renouvelée provient nécessairement des divisions ethniques et religieuses de l'Irak. Sans exclure ces données de base, il convient de noter que de nombreuses puissances ont intérêt à maintenir à Bagdad un gouvernement faible.

Sans qu'il soit nécessaire de désigner telle ou telle société, les compagnies pétrolières s'inquiètent d'autant moins des troubles politiques que chacun des nouveaux venus s'empressent de les rassurer. Il faudrait un pouvoir central extrêmement robuste pour saisir les biens des compagnies et en tirer profit ; Il est donc fort possible que les grands pétroliers s'emploient à décourager la robustesse des gouvernements irakiens.

Si déjà en 1958, au temps de M. Dulles, les Etats-Unis et l'URSS se ménageaient en Proche et Moyen Orient, les gens de « la nouvelle frontière » veulent éviter tout gouvernement irakien fort qui choisirait l'alliance occidentale. Il semble que dans un premier temps au moins, les Soviétiques tiennent à ménager les susceptibilités occidentales en Irak. Il résulte de cette double préoccupation une suite de marches et de contremarches : au Kassem affaibli de février 1963 succède ce faible d'esprit qu'est Aref.

Parmi les influences qui s'exercent sur l'Irak d'aujourd'hui, on aurait tort de négliger celles de la dynastie hachémite. Bien que ceux-ci soient discrets, le roi Hussein compte des agents et des partisans parmi les Irakiens. Le meurtre de son cousin Fayçal a déjà été partiellement vengé et si la volonté de vengeance n'est pas toujours un sentiment positif, une morale sévère commande que soit payé le prix du sang.

Pour des raisons très différentes, Abdel Nasser souhaite l'abaissement de la puissance irakienne à tous moments et par tous les moyens. En effet, d'après lui, seul Nasser mérite l'hégémonie. Il ne saurait partager sa

domination avec quiconque – et, surtout, pas avec un autre
Arabe. Quel que soit le maître de Bagdad, un prince
hachémite, Kassem ou un chef du Baath, le « bon frère »
Nasser lui ménagera les pires difficultés. En ce qui concerne
les Kurdes, il est bien évident que le régime de Kassem s'est
effondré pour ne pas avoir su tenir les engagements pris avec
eux. Il est très vraisemblable, d'autre part, qu'il ne saurait y
avoir de régime stable à Bagdad qui ignorerait les justes
revendications des Kurdes. Sans l'autonomie interne
accordée aux Kurdes d'Irak, l'insurrection kurde n'est pas
proche de sa fin. Depuis l'assassinat du roi Fayçal et de son
oncle Abdullah en juillet 1958, il semble bien que le territoire
d'Irak est tombé en déshérence.

--

Irak

Pendu, puits et pendule irakiens

Eté 1965

La nationalisation de l' « Irak Petroleum Company »
n'aura pas, il s'en faut, causé autant de remous que celle,
opérée naguère de la « Compagnie universelle du Canal de
Suez ». Cela s'explique d'abord par le fait que l'I.P.C.
s'attendait à pareille décision.[76] Cela se comprend aussi dans
la mesure où cette disposition n'a pas été prise contre le

---

[76] Par la loi numéro 80 du 11 décembre 1961, L'Irak avait retiré à
l'I.P.C. les périmètres non exploités. Quelque temps après le général
Kassem avait été obligé de transiger.

monde occidental dans son ensemble, mais comme réplique à un mercantilisme du plus pur style colonial ; cela en outre ne semble pas venir d'une impulsion irréfléchie puisse que la « Compagnie des Pétroles de Bassorah » qui réunit les mêmes actionnaires que l'I.P.C. n'a pas subi le même sort. L'Irak enfin n'a pas exclu le principe de l'indemnisation des sociétés dessaisies.

Cet Irak, qui tente aujourd'hui de reprendre son bien et qui voudrait qu'il en soit fait meilleur usage, représente sur l'échiquier oriental un Etat très affaibli. Cet affaiblissement a plusieurs causes : il vient en premier lieu d'un appauvrissement.

<u>Les mercantis de l'I.P.C.</u>
L'I.P.C. a en effet, au cours des dix dernières années, ralenti la production de pétrole irakien si l'on se réfère aux normes mondiales d'exploitation. En avril et mai de cette année, l'I.P.C. a chargé 50 % de moins de pétrole brut en invoquant des raisons simplement commerciales : le prix de revient du pétrole de Kirkouk acheminé vers les ports de Tripoli et de Banias, était plus élevé que celui de Bassorah, tout proche du golfe Persique ; au surplus, l'avantage de la proximité de Kirkouk était annulé par la baisse sensible des taux de fret et l'énorme capacité des navires pétroliers géants. Bien que cette argumentation de l'I.P.C. se réfère à des phénomènes économiques réels, on ne peut que regretter ce type de réaction à courte vue. L'Irak, en effet, voit ainsi compromettre toute sa politique économique, tous ses efforts de développement.

Irak, république des pendus

Mais l'application sommaire des règles du mercantilisme n'aurait pas suffi à causer dans l'État irakien la faiblesse dont il souffre. Il convient de noter combien l'Irak a été déchiré par des luttes partisanes depuis la sanglante révolution de juillet 1958. Massacres, procès implacables, émeutes réprimées ou triomphantes, les violences n'ont jamais proprement cessé. Pour comble de misère, l'entêtement de quelques dirigeants aura causé la terrible guerre arabo-kurde. Après une lutte héroïque, les Kurdes, commandés par le général Barzani, ont obtenu que la structure de l'État soit fédérale.

Un tel Irak exténué, exsangue et démoralisé, a tout naturellement été tenté de vendre son âme au diable. Le diable en personne ne se présenta pas (il le fait d'ailleurs rarement). Mais les Soviétiques, qui ne pouvaient qu'être enchantés en constatant les misères irakiennes, se donnèrent pour alliés, pour amis. Ils décidèrent donc de « soutenir » l'Irak de la même façon que, selon une célèbre formule, « la corde soutient le pendu ». Le processus de « soutien » a commencé ; les Irakiens peuvent voir que les Soviétiques n'offrent pas grand-chose à leurs alliés. Ils peuvent eux-mêmes constater qu'ils font payer très cher le peu qu'ils donnent.

Dans le même chapitre négatif, comment ne pas regretter que l'Irak accepte de servir de base arrière aux terroristes et aux tueurs qui s'efforcent d'imposer à la majorité des Iraniens, soit un régime ultraréactionnaire, soit un régime ultra communiste, quand l'Iran les rejette absolument ?

Les chances françaises

Mais si l'Irak, comme il est probable, souhaite réunir des chances de renouveau, c'est là qu'il peut traiter avec la France : c'est même le souhait explicite des officiels irakiens offrant une négociation privilégiée à la Compagnie française des Pétroles.

En effet, la France, sauf cachotterie improbable de M. Maurice Schumann, ne nourrit pas de dessein impérialiste à l'encontre de l'Irak (comme le fait la Russie). Notre puissance politique ne saurait porter ombrage à l'Irak. Et s'il y a encore une politique étrangère française, elle ne peut être que celle de l'indépendance des nations. Rien d'analogue aux vues de l'I.P.C. La valeur des offres irakiennes à la C.F.P. se situe exactement dans l'intérêt des deux pays.[77]

… et la démission atlantique

Des Français « atlantiques » déconseilleront d'accepter l'offre irakienne. Et comme il est touchant de constater l'atlantisme béat, docile, respectueux, de certains cadres supérieurs de l'économie française ! Prisonniers d'une notion frivole de « l'honorabilité », ils ne conçoivent la pratique des règlements internationaux que lorsqu'ils constatent qu'elle est opposable à la France. Il ne leur vient jamais à l'esprit que la base nécessaire des contrats se reconnaît dans une exacte réciprocité.

---

[77] Le pétrole irakien représente 14 % des importations françaises et 32,5 % des ressources de la C.F.P.

Que les Américains s'empressent de nuire aux négociations pétrolières françaises à Alger – par le biais de la société *El Paso* – non brave gens montrent qu'ils acceptent de se résigner devant les libres signatures échangées entre deux libres contractants. S'il s'agit pour la France de tirer parti de la bienveillance réelle des Arabes qui se manifeste non seulement en paroles, mais par des gestes et des actes de grande portée pratique, cette collection d'honnêtes gens se récrie : « tout d'abord, ce pétrole contient trop de soufre - et puis l'honorable M. Stockwell, directeur général de l'I.P.C. entend plaider. Il a d'ailleurs décrété que le pétrole irakien est *rouge*. Et comment pourrait-on utiliser un carburant d'une telle couleur ? » Personne, en son temps, n'aurait osé dire que le gaz saharien était *jaune*, par exemple.

Enfin, il est clair que cette élite technique et industrielle, de nationalité française, dans sa majorité et pour de longues années, réagit selon des réflexes de colonisée inconditionnelle. On pourrait lui appliquer le mot de Voltaire : « non il n'est rien que Nanine n'honore » en excluant cependant, de cette manie d'honorer, tout ce qui constitue le bien-être et la sécurité de la France.

Cela signifie que si le gouvernement entend tirer justement parti de la situation, il devra neutraliser la mauvaise grâce desdites élites, compenser une certaine forme de débilité des caractères, veiller dans le détail à l'exécution d'une politique menée dans l'intérêt national.

--

Elections pour rien en Israël

30 août 1961

« Personne ne souhaitait vraiment ces élections ». Un éditorialiste du *Jewish Chronicle* le soulignait il y a quelques jours. Après l'affaire Lavon et ses rebondissements de janvier dernier, il devenait malgré tout indispensable de recourir à l'électorat soit pour remplacer l'équipe du Mapaï (parti ouvrier israélien), soit pour la confirmer dans son pouvoir. C'est chose faite aujourd'hui : le président Ben Gourion et le parti Mapaï l'ont emporté. Les quelques sièges perdus pour ce cinquième parlement laissent à l'équipe gouvernementale une force sensiblement identique à celle dont elle disposait au cours de la troisième législature de la Knesset. Le désastre attendu par les ennemis d'Israël ne s'est donc pas produit. La campagne électorale que l'on prévoyait terne et monotone, aura apporté en revanche une intervention politique lourde de menaces pour l'Etat hébreu.

L'intervention de M. Nahoum Goldmann, qui préside le Congrès juif mondial, mais qui n'a pas la citoyenneté israélienne, a surpris, déçu ou stupéfait une très large part des auditoires électoraux. Il a exprimé sa position devant la jeunesse « libérale » de Tel-Aviv et il l'a résumée pour le quotidien *Ma'arev*. Après avoir déclaré qu'Israël devait former une confédération d'Etats moyen-orientaux neutres, en association avec les Arabes – et cet objectif est d'une parfaite honnêteté – il a accompagné ce vœu de considérations et de remarques surprenantes.

Pour M. Goldmann « le temps ne travaille pas en faveur d'Israël » et d'ailleurs « les événements internationaux ont montré que le temps travaille contre les nations occidentales. » Partant de ces deux hypothèses, il se prononce en faveur d'une politique de non-alignement semblable à celle des pays arabes. Les raisons qu'il invoque pour prôner ce dégagement sont très inégales et les plus sensées paraissent bine fragiles comme on le verra.

Selon lui, un Etat juif doit permettre aux juifs, où qu'ils se trouvent, de pouvoir accepter les buts qu'il poursuit sans exiger d'eux une attitude rigide vis-à-vis des conflits mondiaux. Il remarque ensuite que les pays orientaux sont devenus anti-israéliens en réaction à la politique étrangère d'Israël. Il estime en outre que pour s'intégrer au Proche-Orient, Israël doit imiter quelques-uns des Etats arabes et s'enrôle dans le non-engagement. Il explique enfin que ni les communistes, ni les Occidentaux ne s'opposeraient à une neutralisation d'Israël et accepteraient sans doute de lui donner leur garantie en cas d'agression et de proclamer l'embargo sur les armements.

Ce n'est pas la première fois que l'on rencontre en histoire politique pareil mélange de vérités partielles et d'erreurs générales. Ainsi, rien n'est plus vrai que l'Union soviétique soutienne activement des Etats semi-féodaux ou semi-bourgeois contre la République la plus collectiviste du monde. Ce n'est pas la faute des Occidentaux ; ce n'est pas davantage la faute de M. Ben Gourion. Tant que les bourgeoisies des Etats arabes n'auront pas su évoluer et surmonter le sous-développement économique, elles chercheront des diversions de politique étrangère. Le seul moyen de les flatter et de leur plaire consister à leur promettre ou à leur procurer l'anéantissement de l'Etat d'Israël.

Les Soviets enchantés de se concilier les bonnes grâces de ces milieux dirigeants par quelque chose qui leur coûte si peu sont disposés à entrer dans leurs vues. Ils n'exigent en échange que le fameux non-alignement. On peut tenir pour assuré que les Soviets attribueraient à Nahoum Goldmann et même au président Ben Gourion les plus hautes décorations de l'Armée Rouge, d'élogieuses mentions dans l'Encyclopédie soviétique, si seulement ils rayaient de la carte l'Etat d'Israël.

Car il n'y a pas d'autre éventualité. L'Occident est bon prince et s'accommoderait à la rigueur d'un Israël neutre : il garantirait même sa neutralité. L'URSS ne suivrait pas parce que cela déplairait aux bourgeois arabes. Aussi bien, on peut affaiblir l'armée israélienne, l'armer de vieux mousquets et de sabres de bois, faire des déclarations lénitives à la radio de Jérusalem et même proclamer contre l'évidence qu'Abdel Nasser, vaincu à Falouja et au Sinaï, est un grand homme, ce serait en pure perte. Nasser et les bourgeois syriens ne veulent rien d'autre que réduire Tel-Aviv en cendres, en désert tous les kibboutzim.

Si elle est plus courageuse, la politique de David Ben Gourion semble aussi plus réaliste et donc plus efficace. L'indépendance d'Israël trouvera des garanties tant qu'il n'y aura pas de grave division intérieure, tant qu'il y aura une armée puissante et efficace pour la défendre contre qui que ce soit. Les alliances ? Mais ce n'est pas à Paris ou à New York, c'est à Moscou qu'il est interdit d'imprimer des journaux en hébreu – même s'ils sont communistes. Le non-alignement ? Mais de Castro à Nasser, M. Goldmann sait qu'il ne suffit pas d'être « non aligné » : il faut être « non aligné dans la bonne direction. »

La politique étrangère et le programme de défense de M. Ben Gourion peuvent lui être de légitimes sujets de fierté. Il a rompu l'isolement diplomatique en nouant des relations avec la plupart des jeunes Etats africains et avec quelques pays de l'Asie libre. Le réacteur atomique des Bercheba, comme la production et le lancement de fusées ne sont pas des phénomènes purement publicitaires ; il ont pour soubassement une infrastructure économique et scientifique complète ; enfin l'armée, parfaitement entraînée, décourage les velléités d'agression.

On peut croire évidemment, avec une partie de la Diaspora pour laquelle l'Etat d'Israël est un reproche ou un remords, que s'il disparaissait les choses seraient plus simples. Il n'en est rien. Il vaut mieux songer à se défendre quand il est encore temps d'organiser la victoire. L'insurrection du ghetto de Varsovie est une page glorieuse de l'histoire juive. Il aurait encore mieux valu que les juifs de Varsovie ne soient pas collectivement menacés de mort. Puisque l'on peut à la fois garder l'honneur et la vie, pourquoi ne pas prendre ce beau risque comme fait Ben Gourion ?

--

Israël
Le demi lâchage d'Israël ne nous vaudra que du mépris
18 avril 1962

Les accords d'Evian apportent à la France une suite continue de catastrophes et de malheurs. Et pourtant, ce n'est point là le plus grave : le pire serait de s'y précipiter aveuglément, sans comprendre, dans l'hébétude qu'impose une propagande anesthésiante et mensongère. Mais si nous parvenons à surmonter cette torpeur, il faudra en rendre grâce à M. Ben Bella. Nous avons eu tort de le garder si longuement prisonnier A peine mis en liberté, ses cris de haine du Caire, de Bagdad et de Tunis, sa déclaration de guerre sans équivoque à Israël, les menaces précises qu'il profère vont révéler à bien des gens le vrai visage du FLN.

Ben Bella, en effet, ne s'en est pas tenu aux principes généraux comme on a coutume de faire à la Ligue Arabe. Il a explicitement parlé d'une « armée de libération palestinienne ». Il a aussi fixé le continent que la « révolution arabe en Algérie » fournirait pour cette nouvelle agression. Il s'en est pris enfin à tous les sionistes « qu'ils soient d'Israël, de métropole ou d'Algérie. » L'excellent M. Lacouture se désole d'une franchise aussi intempestive.[78] Il avoue « que cette prise de position n'est pas nouvelle de la part du FLN (...) qui s'était associé à de brutales dénonciations de l'Etat juif. » Ensuite, soit par hypocrisie, soit par balourdise, il reproche au FLN non la volonté de guerre, mais « des propos aussi bellicistes » : non tant son antisémitisme foncier, que la mauvaise impression qu'il va laisser au judaïsme algérien désormais averti. Sans que nous le sachions, le FLN avait besoin d'instituteurs de duplicité.

De toute manière, il convient de prêter une très grande attention à ces paroles de Ben Bella. Elles expriment une réalité à la fois économique et psychologique. Elles pourraient, dans les mois qui viennent trouver un commencement d'exécution.

La province d'Algérie dispose de peu de ressources naturelles et sa richesse démographique peut se transformer en plaie s'il n'existe pas un développement rapide de l'économie. Au cas où la clique du FLN s'emparerait de l'Algérie, la disparition de cent mille hommes simplifierait le problème de l'emploi. D'autre part – et cela est beaucoup plus grave – comme le sentiment anti-juif est très populaire parmi les masses arabes en Algérie, une légion de Palestine obtiendrait un large succès. Que cela plaise ou non, il faut bien voir que seule la souveraineté française en Algérie a pu

---

[78] Lire son commentaire embarrassé dans *Le Monde* date du 12 avril 1962.

empêcher le conflit racial latent qui n'oppose pas seulement les Arabes aux Juifs, mais les Kabyles aux Arabes. On voit donc la grave question qui se pose au niveau national et international. Ce n'est pas M. Lacouture qui rattrapera M. Ben Bella par les basques de sa veste. Il s'agit donc de savoir si on laissera se former un Etat qui se veut et qui se définit comme belliciste et raciste.

Pour résister efficacement à cette double montée des périls, il est bon que la France et l'Etat d'Israël restent vigilants.

La vigilance en métropole consiste à bien voir la réalité du racisme populaire en Algérie. Elle consiste à souligner le rapport immanquable qui existe entre les projets de démission française et la recrudescence du racisme. En un an, cinq mille trois cent trente-trois israélites ont quitté l'Algérie. Demain, Kabyles et Arabes s'entre-déchireront.

Il y a de très honnêtes personnes qui croient que la France pourra protéger les Français israélites qui demeureraient en Algérie – et qui récusent les exemples tunisiens et marocains. Ils s'estiment en effet rassurés parce que le FLN a reconnu la qualité de Français des israélites. Or il est sage de se reporter au précédent égyptien de 1948. En guerre contre Israël, le gouvernement débonnaire de l'Egypte s'en prit à tous les israélites, même à ceux qui étaient citoyens français. Le Quai d'Orsay à l'époque ne fit pas grand-chose pour défendre les Français persécutés. Il n'est pas moins inerte aujourd'hui.

Il faut comprendre en outre que les accords déplorables d'Evian ne suffisent pas au panarabisme raciste. On n'ignore pas en effet que, cédant au chantage des Etats arabes, les sociétés Peugeot et Citroën auraient refusé de participer à la foire internationale du Proche-Orient.[79]

Le résultat le plus grave nous le verrons dans le demi-lâchage opéré par la France dans l'affaire du lac de Tibériade évoquée par l'ONU. Certes la France s'est abstenue dans la condamnation extravagante que le Conseil de Sécurité a portée contre Israël. Ce comportement valait sans doute mieux que celui de la Grande-Bretagne ou celui des Etats-Unis qui adoptèrent les résolutions du général de Horn arbitrairement. Parce que le gouvernement actuel de la France a signé à Evian, il renie ses amitiés et, pratiquant une servilité sans fin, il s'attire un mépris intense de la part des Arabes.

A Tel-Aviv, la condamnation d'Israël a été très vivement ressentie. *L'Information d'Israël* met en garde les Américains et déclare : « Nos amis américains – et toutes les autres puissances qui les suivent, même lorsqu'elles ne sont pas de tout cœur avec eux – devraient comprendre que tout petits et tout faibles que nous sommes, nous nous défendrons par les moyens dont nous disposons... » En outre, le général de Horn qui commande les troupes de l'ONU a été rappelé à l'ordre et la Knesset a justement condamné les décisions du Conseil de Sécurité.

Si la France est destinée à rester un pays libre et indépendant, la politique de la France consiste d'abord à résister sur tout ce qui est le territoire national. Elle peut ensuite préparer une réconciliation entre les Arabes et Israël. Cette voie lui sera d'autant plus ouverte que son prestige militaire et moral sera plus grand.

--

• [79] Elle va se tenir à Tel-Aviv.

Israël

Israël et Ismaël

6 juillet 1967

Une des nombreuses conséquences de la troisième guerre israélo-arabe n'a pas été suffisamment montré par les augures, les haruspices et même par ceux qui viennent après les batailles au secours de la victoire. Il s'agit du désarroi qui suivit l'écrasement des armées nassérienne, syrienne et jordanienne : il a saisi en effete tous les Arabes, débordant largement le camp de Nasser.

<u>Une défaite « arabe »</u>

Ainsi, des Arabes chrétiens – ou des musulmans anti-nassériens – ont pris cette défaite pour une humiliation collective. En tout état de cause, le retentissement de ce désastre militaire fut d'autant plus vaste que les vantardises et les menaces de la presse du Caire étaient plus éhontées. Il faudra donc essayer de comprendre pourquoi l'échec d'un criminel de guerre a pu blesser tant d'honnêtes gens qui le méprisaient. L'état-major égyptien qui prétendait parler au nom de tous les Arabes s'est révélé très inférieur à sa tâche : un matériel de guerre extrêmement coûteux a été détruit en quelques heures. Et le budget des malheureux fellahs sous-alimentés va encore être réduit au profit de l'achat de nouvelles armes. On l'oublie trop souvent, les armes livrées par l'URSS pour la révolution mondiale ne le sont jamais à titre gratuit.

Prisonniers de mots et des mensonges, beaucoup d'Arabes se sont sentis atteints par le déshonneur de quelques-uns.

<u>Le jeu des grands</u>

Glubb Pacha a peut-être tort d'affirmer que l'Union soviétique avait misé sur la défaite des Arabes. Ce qui paraît bien plus probable, c'est que les Soviétiques avaient prévu de gagner quelle que fût l'éventualité. Dans le cas d'une invasion d'Israël, ils auraient déshonoré le monde libre, Effete et Effete n'intervenant pas, ou le faisant trop tard ; dans le cas de la défaite arabe, qui s'est produite, Nasser ne peut tramer une nouvelle alliance. Vaincu et déchu, il s'en va implorer le même usurier des Arabes qui exige désormais un prix plus élevé pour les armes qu'il procure, un taux d'intérêt plus exorbitant pour le crédit qu'il consent. Il impose en outre une consommation plus grande d'opium idéologique : le désarroi des Arabes sera moins pénible quand ils auront pris conscience de cette réalité.

En face, les Effete avaient sans doute prévu quelques lourds mouvements de leur VIIème flotte en Méditerranée. Le déclenchement des hostilités, les initiatives victorieuses d'Israël les ont sans doute surpris. Le cabinet Eschkol, mou, d'avant la crise, correspondant à leurs vœux : le nouveau ministère israélien, avec la présence très efficace du général Dayan, les a embarrassés et irrités.

Plus grave encore : Marx disait que « l'histoire ne repasse pas les plats. » Le gouvernement des Effete, loin de saisir l'occasion nouvelle d'une chute de Nasser l'a soutenu une fois de plus de toute sa puissance aveugle et démente dans sa fonction arbitraire de führer des Arabes : on voit ainsi que Washington, à défaut d'autre tradition, a celle de l'erreur et que, de Foster Dulles à M. Johnson, en passant par le malheureux Kennedy, il se trompe avec la même satisfaction et ne tire aucune leçon des fautes passées.

Dans cette situation absurde, l'URSS soutient ouvertement ses protectorats orientaux tandis que les Effete aident imparfaitement et comme honteusement ceux qui ont choisi le monde libre, Arabes ou non. Il faudrait être naïf pour se trouver surpris de l'évolution du Moyen-Orient.

Tout Etat arabe, même s'il décide ainsi de sa propre mort, estime après les deux « grands », que Nasser « représente » les Arabes. Bien que Nasser soit objectivement le pire ennemi des Arabes, sa dernière défaite a été ressentie par eux.

<u>Le recours à l'étranger</u>
Cependant les Arabes sont parfaitement capables de réflexion et ils pourraient s'interroger utilement sur les causes de la défaite d'Abdel Nasser.

Il est permis d'en voir une cause secondaire dans le fait que Nasser et quelques Egyptiens se sont mal délivrés de l'état d'esprit du colonisé. Malgré des crises de xénophobie, ils s'en remettent trop souvent à l'Etranger-Providence ou tout au mieux à l'Etranger-Janissaire. Ils comptaient ainsi, imprudemment, sur l'intervention soviétique pour internationaliser le conflit avec Israël et jeter une ombre propice sur leurs insuffisances armées. Les Arabes se délivreront de l'humiliation vraie ou fausse le jour où ils apprendront à compter sur eux-mêmes.

Une cause plus importante de cette terrible déconfiture, en-dehors de la grande valeur militaire des armées israéliennes, vient simplement du fait que Nasser n'avait pas préparé la guerre contre les Arabes. Le grand état-major cairiste dispose de plans d'opérations très détaillées contre la Jordanie, l'Arabie séoudite, le Koweït, le sud de l'Arabie, le Liban, comme de plans d'agitation et de subversion à l'encontre des pays musulmans libres. Le rôle important assigné à Nasser par l'Internationale communiste est de répandre le marxisme là où il est le plus difficile à acclimater : en terre d'Islam. Dans cette optique, il n'importe que médiocrement que le bikbachi soit en mesure de remporter des succès guerriers. Pour cette tâche de haine, une certaine éloquence populacière, la haine, un goût et une pratique démesurés du régime policier totalitaire peuvent suffire.

Et malgré son prestige usé, Nasser, le raïs des catastrophes, semble en place pour longtemps encore, c'est-à-dire tout le temps qu'il n'existera pas de diplomatie des Effete.

La réunion dans l'indépendance

Dans les dernières phases du conflit israëlo-arabe, la Effete qui a soutenu à plusieurs reprises le droit de vivre d'Israël, a su garder l'amitié des Arabes. La leçon de la politique française d'aujourd'hui, celle du chef de l'Etat français (si largement écouté à l'étranger), est claire. Elle peut être agréable tant aux Arabes qu'aux Juifs puisqu'elle insiste sur la valeur essentielle de l'indépendance nationale.

Les sages d'Israël ont cinq millénaires d'expérience et de tradition derrière eux. On a pu en voir l'effete dans la modération que le gouvernement israélien a imposé aux réjouissances qui ont suivi la victoire, à la mesure de la presse de Tel-Aviv qui ne revendique pas les territoires de la Reine de Saba. Cette grande dignité de conduite laisserait un espoir si les principaux intéressés pouvaient se débarrasser des influences extérieures : celui de voir les cousins Israël et Ismaël s'entendre au prix de grandes concessions réciproques pour édifier ensemble leur bien commun.--

--

Israël

Israël, le temps de la déraison

27 septembre 1972

L'historien de l'avenir retiendra le terrorisme pour un des traits distinctifs du XXème siècle. Son extension quasi infinie se signale en effet sous des formes bien variées : depuis l'artisanat anarchiste des années 1900 jusqu'aux grandes industries hitlériennes et staliniennes du premier tiers du siècle. Il en a, si l'on ose dire, pour tous les goûts, toutes les tailles, terrorisme d'Etat et même terrorisme portatif et individuel. Mais si, en ces temps, il reste sur terre quelque raison humaine, le Bainville de l'époque future s'étonnera du manichéisme de la presse d'opinion en 1972. En effet, à lire les commentaires des journaux israéliens et pro-sionistes, il s'apercevra que l'on pouvait, en nos temps bizarres, distinguer entre bons et mauvais terrorismes.

Ainsi, en commentaire à l'horrible tuerie de Munich, il pourra lire que le terrorisme de l'Irgoun et du groupe Stern, qui fit de nombreuses victimes innocentes en dynamitant l'Hôtel du Roi David, était « bon »[80] ; il lira de même que le terrorisme du FLN en Afrique et en Europe était « bon », puisque *France Observateur* en assurait les Français une fois par semaine ; il lira cependant avec stupéfaction que le terrorisme palestinien du groupe « Septembre noir » [81] était « mauvais » pour avoir osé pratiquer des méthodes dont il n'était pas l'inventeur.

Cet historien de l'avenir trouvera des choses encore plus étranges. Il constatera que notre époque manichéenne, dans presque toute sa presse « internationale », a su

---

[80] Bien qu'il fût désavoué par la Haganah, armée juive avant l'Etat d'Israël.

[81] Désavoué par les organisations palestiniennes de résistance.

distinguer, de façon sidérante, entre marchands d'armes. Ainsi nous apprenons avec intérêt que les marchands anglais pourraient légitimement vendre des canons à l'Egypte en guerre contre Israël. Ce serait là une opération commerciale utile et fructueuse, un louable élément de sauvetage de la cavalerie de Saint-George : nous sommes informés que les Etats-Unis eux-mêmes, après les élections présidentielles, pourraient vendre quelques armements, la guerre du Vietnam n'absorbant pas toutes leurs productions. Mais en revanche, il nous est communiqué avec éclat que la vente de « Mirage » français à la Libye, non belligérante avec Israël, est un scandale abominable qui doit cesser immédiatement. Si nous en doutions encore, on nous reproche d'être français.

Comment ne pas voir que ce merveilleux manichéisme se manifeste également dans la manière dont Israël traite ses « ennemis » arabes ? Au lieu de s'en prendre à l'Egypte, ruineusement armée et sans doute composée de « bons » Arabes, elle s'acharne à porter des coups au Liban pacifique, à ses populations civiles qui jusqu'à présent n'ont pas voulu d'une armée importante et coûteuse.

Si l'on considère l'ensemble de ces conduites et de ces commentaires manichéens, force est de reconnaître qu'ils procèdent d'un véritable aveuglement. Cette cécité va jusqu'à fausser la stricte analyse des fait ; c'est parce qu'elle vient d'une passion légitime pour le salut d'Israël doublée d'une conséquence bien moins légitime, la haine de tout ce qui n'approuve pas inconditionnellement tous les actes de son gouvernement. Passions et cécité, par le fait même des victoires militaires, s'accompagnent d'une arrogance intempérante qui désenchante de plus en plus ceux qui comptaient parmi les premiers amis d'Israël.

Un exemple majeur d'interprétation aveugle peut être noté à propos de la répression menée par le roi Hussein contre les « fedayin » stationnés en Jordanie. Il se trouve que cette lutte ne visait nullement à plaire aux Israéliens. Une bonne part des Palestiniens réfugiés en Jordanie étaient à ce moment soulevés contre le roi Hussein par l'effet de la propagande nassérienne : ils n'entreprenaient rien contre Israël. Au lieu de chercher à faire valoir leurs droits en Palestine, ils servaient, contre un chef d'Etat arabe, les ambitions d'un dictateur. Hussein a brisé les tentatives de créer un Etat dans son Etat. Ce qui ne signifie nullement qu'il se désintéresse du sort des Arabes de Palestine ; pas davantage qu'il acceptera des empiètements territoriaux et des limitations de souveraineté dans le cadre d'une négociation israélo-arabe.

On pourrait signaler un deuxième exemple d'aveuglement passionnel qui se manifeste dans ce qu'il faut bien appeler la *guerre larvée* qu'Israël mène contre la France depuis la fameuse guerre des Six Jours en 1967. Partout où les sionistes ont de l'influence dans le monde, les intérêts français sont égratignés ou contrecarrés. Lors de la visite de M. Pompidou aux Etats-Unis, les grossières manifestations des sionistes américains n'ont guère honoré leurs auteurs.

Il y a enfin les attaques indirectes et frontales contre les institutions françaises. Quelle splendeur si à la faveur d'une prise de pouvoir légale ou illégale des paris marxistes, on pouvait en même temps annuler l'indépendance de la politique étrangère de la France, casser les reins à son économie, enfin la découper en zones d'influence réparties entre ses ennemis et ses alliés !

La plus aveugle démesure semble être atteinte par des pratiques dont les Juifs ont trop souffert au cours de l'histoire antique et moderne pour ne pas en mesurer l'inconvenance morale. C'est commencer un véritable enseignement du mépris que d'écrire : « Les éléments proprement islamiques contribuent pour l'essentiel à alimenter l'antijudaïsme égyptien contemporain. »[82] Et si l'on trouve sur le même sujet un article plus nuancé dans l'*Arche* [83], c'est aussi sous le même titre ahurissant : « Le Coran contre Israël ».

On suit avec plus ou moins d'attention en Europe les difficultés rencontrées par les Chrétiens arabes en Israël. Dans la première quinzaine du mois d'août dernier, Mgr Joseph Raya, évêque orthodoxe, a demandé aux prêtres de ne pas célébrer la messe le dimanche 13 pour désapprouver ce qu'il appelle « la mort de la justice en Israël ». Il entendait par là protester contre l'expulsion par la police israélienne de trois cents villageois maronites, chassés de leurs villages d'Ikrit et de Biram en 1948, et qui réclamaient le droit de retrouver leur terre laissée depuis sans peuplement.

---

[82] *La Terre Retrouvée*, du 8 septembre 1972
[83] Numéro de juillet-août 1972

Il ne paraît pas nécessaire de prophétiser pour comprendre que le manichéisme et l'aveuglement n'accroissent pas les chances de négociation et de paix.

Israël devrait pouvoir se souvenir que supériorités politiques et militaires sont transitoires et que, en tout état de cause, il vaut mieux négocier maintenant. Il lui faut comprendre, en renonçant aux passions les plus enivrantes, que si l'on veut négocier, il convient d'offrir quelque chose à l'adversaire en échange de ce que l'on en obtiendra. Quelle offre ? Elle peut prendre diverses formes, mais ne saurait éviter trois conditions minimales. En premier lieu, la rétrocession à la Jordanie des territoires palestiniens, et du Sinaï à l'Egypte ; en outre, le versement d'une très importante indemnité aux Palestiniens qui renonceraient aux terres perdues en 1948 ; et pour finir, l'établissement d'un Etat laïque d'Israël.

Si un tel accord ne se réalise pas, Israël qui fabrique du racisme anti-arabe comme Abdel Nasser sécrétait un racisme contraire à la noble tradition arabes, deviendrait, par l'effet logique de ses passions exacerbées, le principal producteur d'antisémitisme dans le monde. Ce serait décevant et désastreux.

--

Japon
L'avenir du Japon selon Bruno Gollnisch

avril 2002

Il eût été difficile de trouver meilleur augure que Bruno Gollnisch pour esquisser une réponse à la question « Où va le Japon ? » Ce professeur de japonais judiciaire – qui maîtrise une connaissance aussi profonde qu'érudite des institutions, de la langue et de la civilisation de l'empire du Soleil Levant – a donné sur ce sujet le 20 mars dernier une bien précieuse conférence au Centre Chaillot-Galliera.[84]

Après un rapide survol de l'histoire japonaise, Bruno Gollnisch évoque l'entrée dans les Temps modernes. L'Empereur renversa la féodalité des Shoguns. Il favorise le développement d'une puissance industrielle. Le Japon s'affirme par trois guerres : contre la Chine en 1894 ; contre la Russie en 1904 où sa victoire étonne le monde entier ; contre les Etats-Unis en 1941 qui utilisent l'arme atomique pour vaincre. Cette défaite, reconnue par l'Empereur – qui déclare avoir « accepté l'inacceptable » sera suivie d'un essor économique sans précédent.

C'est ici que le Professeur Gollnisch énumère les atouts qui ont fait du Japon « militairement » vaincu, la troisième puissance économique de la planète. Son PIB fut sept fois supérieur à celui de l'Union soviétique. Il faut tout d'abord signaler le maintien de l'Institution impériale et la vivacité de la tradition dans une société extrêmement hiérarchisée. Chaque Japonais a des devoirs envers le souverain, envers ses parents. Non seulement les étudiants respectent leurs professeurs, mais ils les respectent à vie quelles que soient leurs promotions académiques qui

---

[84] Dans le cadre de l'Association des Catholiques pour les libertés économiques, présidée par Michel de Poncins.

suivront la fin de leurs études. On respecte l'aîné d'une famille et même à l'école primaire, l'aîné a préséance sur les cadets.

Dans l'entreprise existe une très forte cohésion : employeur et employés sont reliés par un réseau de devoirs fondés sur une morale strictement observée. Autre atout majeur, la société japonaise est une société de libertés économiques. Il n'y a au Japon que 25% de prélèvements d'impôts : ils sont chez nous de 50%. Le gouvernement japonais a même recours au privé pour privatiser les entreprises d'Etat comme les taxiphones et le tabac.

Pourquoi, vu ces données si favorables, y a-t-il une crise actuellement ? On ne peut que constater la première cause : l'économie de « bulle ». La spéculation ne reposant sur aucune valeur, la « bulle » a éclaté entraînant bien des faillites. Il convient d'ajouter une deuxième cause : l'inversion de la pyramide des âges (un enfant par couple) compromet l'avenir des retraites.

On doit dénoncer d'autre part l'influence désastreuse de l'OMC : pendant longtemps, le Japon connaissait une autosuffisance alimentaire mais l'ouverture des frontières à causé la ruine de pans entiers de l'économie japonaise. La mondialisation entraîne la « délocalisation » des entreprises : avec ses salaires dérisoires, la Chine communiste est un « paradis » pour les capitalises japonais.

On ne saurait négliger une crise morale : les conservateurs libéraux au pouvoir depuis cinquante ans se trouvent affaiblis par de nombreuses affaires de corruption.

Il reste d'après le Professeur Gollnisch que cette crise n'est pas insurmontable. Le Japon reste un pôle d'attraction pour tout l'Extrême-Orient. Le Japon d'aujourd'hui peut dire *non* et s'affirmer de façon indépendante. Il y a de grandes ressemblances entre ces difficultés et celles que connaît la France. Dans son existence millénaire, il a déjà su maintes fois concilier tradition et modernité.

--

Jordanie

Le vide politique en Jordanie

24 octobre 1956

Depuis une quinzaine de jours, l'attention politique se porte davantage vers la Jordanie et moins sur les palabres qui entourent l'affaire de Suez. Un journal britannique[85] a fort bien qualifié la situation actuelle du royaume hachémite en nommant « vide » cet état d'interrègne qui sépare peut-être l'influence anglaise d'une influence « nasséro-communiste ». Les élections de dimanche, dont le sens pro-égyptien n'est pas douteux, vont probablement précipiter les événements. Retournements inattendus et coups de théâtre risquent de se

---

[85] L'*Economist* du 20 octobre 1956

multiplier à brève échéance dans une région du monde où le rôle des personnalités demeure primordial.

Le renvoi de Glubb Pacha et les intrigues de nouveaux mamelouks d'Egypte ne sont pas à l'origine de la crise. On la verrait plutôt dans la croissance trop rapide de l'émirat de Transjordanie. On sait que l'émir Abdallah érigea son Etat en royaume en 1946. La guerre contre Israël, en 1948, fut fructueuse pour lui. La meilleure des Etats arabes, son armée, lui valut la possession de la Palestine arabe (Cisjordanie) : l'arrivée massive des réfugiés arabes tripla la population de son pays, qui passa de 500.000 à 1.500.000 âmes. Politicien énergique et rusé, seul le roi Abdallah aurait pu mener à bien l'assimilation des réfugiés. Mais il fut assassiné en 1952. Son héritage alla à son fils Tallal, qui abdiqua bientôt en faveur de son très jeune petit-fils, Hussein. A moins de vingt ans, celui-ci abordait un problème difficile : régner en trouvant dan l'opposition les deux tiers du corps électoral.

<u>Perspectives britanniques</u>
Tout portait à croire que le Foreign Office n'aurait de cesse que son intervention ne sauvegarde la Jordanie et le trône de Hussein par le moyen de son allié irakien. Cette protection, s'exerçant à la fois contre l'Egypte et contre Israël, est à la source d'imbroglios multiples. En effet, le 9 octobre, Noury el Saïd, Premier ministre irakien, recommande un accord entre les Etats arabes et Israël sur la base des propositions de l'ONU. « Cela permettrait, ajoute-t-il, de résoudre le douloureux et dangereux problème des réfugiés. » Le 13, on annonçait l'entrée imminente des

troupes irakiennes en Jordanie. Entre temps, Israël réagissait et tentait de prendre des assurances à Washington et à Paris. Le 17, la partie est remise. Il reste que le commandant de l'armée jordanienne a fait appel à des avions à réaction de la R.A.F. stationnés près d'Amman, et que demeure dans cette capitale une mission irakienne, composée du vice-premier ministre d'Irak, du chef du cabinet royal Abdullah Bakr et du chef d'état-major irakien. Si l'on pense avec l'*Economist* que la puissance militaire de Nasser est neutralisée par les forces anglo-françaises de Méditerranée orientale, cela laisse à l'Angleterre une large possibilité de manœuvre.

Quand le « Quai » retarde de trente-sept ans

Mais il faut compter avec notre diplomatie. Il n'est pas mauvais que celle-ci se souvienne de la Syrie. Lawrence fut certes notre ennemi en Aise Mineure et sa francophobie maladive l'empêcha d'être un honnête homme et assigna des limites à son génie. Mais nous l'avons heureusement combattu en son temps. En 1919 il faisait proclamer roi de Syrie le fils du chérif de La Mecque. En 1920, les troupes françaises du Mandat chassaient Fayçal II, cousin germain de Hussein de Jordanie. En 1945, les Anglais nous chassaient ignominieusement de Syrie : l'inepte politique de M. Catroux leur avait facilité la tâche. Le moment vient peut-être d'oublier cette furieuse mésentente et de tourner la France et l'Angleterre contre un ennemi qui les menace dans leur existence même. « Pas d'Anschluss syro-irakien, pas de protection irakienne exercée en Jordanie. » Le slogan était excellent dans les années 1920 ; il était même bon jusqu'en 1951. Aujourd'hui, il devient détestable – à moins que Nasser ne soit un agent anglais !

<u>Les Soviets jouent à quitte ou double</u>

Si notre action diplomatique se borne à empêcher une réussite anglo-irakienne, le « vide » jordanien appellera, appelle déjà une présence communiste. Les Soviets ont commencé il y a quelques mois une partie exaltante. Sans grands risques, à peu de frais, ils sont parvenus à opposer une partie de l'Orient à l'Europe. Si leur manœuvre ne réussit pas, ils s'en consoleront très vite, n'ayant rien risqué et ne voyant menacée aucune de leurs positions stratégiques essentielles. Leurs avertissements pleins de sécheresse à Israël, les menaces grommelées à mi-voix par M. Chepilov paraissent des manœuvres d'intimidation. Ils ne joueront pas leur va-tout pour l'Orient, la frontière polonaise les intéresse beaucoup plus.

<u>De l'attention progressiste aux intérêts français</u>

Pourquoi faut-il que, rivalisant avec les Etats-Unis, malades d'élections, nous paralysions tout projet occidental ? La presse progressiste, dont le réflexe pavlovien consiste à prendre toujours le contrepied des positions nationales, s'est découvert soudain une tendre préoccupation pour les intérêts français. Il est intéressant de lire le dernier numéro de *La Tribune des Nations*[86] et d'y voir en gros le conseil suivant : « Méfiez-vous de votre alliée britannique et soyez les fidèles protecteurs de l'indépendance syrienne », quand les Syriens ne veulent aujourd'hui se définir que comme nos ennemis.

---

[86] 19 octobre 1956

Le Moyen-Orient traverse une période de mobilité et de plasticité extrêmes. Le « statu quo » y est impossible. Seuls ceux qui auront le courage de prendre des initiatives – et donc des risques – seront en mesure de le modeler.

--

Jordanie
La Jordanie témoin

17 avril 1957

Sans arrêt depuis une dizaine de jours, les nouvelles en provenance d'Amman se succèdent et se contredisent. A un ministère Naboulsi prosoviétique, on remédie par un ministère Khalidi qui ne se forme pas : on passe ensuite à une tentative Nimr tout aussi éphémère. Le rôle difficile de Premier ministre désigné est dévolu à Saïd El Mufti, président du Sénat. Ce dernier jouit du prestige que lui apporte un récent voyage à Tunis, mais il est assez mal vu au Caire. Puis on apprend la constitution d'un ministère de coalition auquel participe Naboulsi, arrêté l'avant-veille…

La partie difficile qui se joue aux bords du Jourdain met donc en jeu l'indépendance du royaume hachémite menacée par l'Egypte et la Syrie : ces deux fascismes représentent avec plus ou moins de lucidité les pions avancés de l'impérialisme moscovite en Orient

Les chances du roi Hussein

Le jeune roi Hussein commence son règne effectif avec une situation telle qu'elle ferait fléchir bien des vieux routiers de la lutte politique. Nous ne connaissons que très imparfaitement la biographie du petit-fils d'Abdallah. Il est cependant certain que, pour le pire et pour le meilleur, l'indépendance de son pays repose en grande partie sur son énergie. Et l'indépendance de son pays constitue pour les mois à venir une condition essentielle de la paix au Proche-Orient. Il ne faut pas verser dans l'optimisme mais il n'et peut-être pas inutile de rappeler la qualité de réflexe de ce roi de vingt-deux ans qui sut sauver au début de cette année l'équipage d'un avion en perdition. Il ne s'agit pas d'un intersigne mais d'un simple trait de psychologie.

Les « succès mineurs »

« Succès mineurs ». Un éditorial du *Monde*[87] qualifiait ainsi les résultats sensibles obtenus récemment à Ryad ou à Amman par la diplomatie des Etats-Unis que l'instinct national réveille. Cette appréciation paraît légère. Il n'y a pas de petit succès contre un dictateur. Des coups d'épingle suffisent à crever les baudruches et le diplomate dans son ordre se doit d'appliquer le mot de Leibnitz : « Je ne méprise presque rien. » Abdel Nasser et sa clique ne subsisteront au pouvoir que s'ils ont des succès nouveaux à jeter en pâture au peuple. L'entreprise devient difficile. En effet, depuis que presque tous les étrangers furent chassés d'Egypte, depuis la « nationalisation » de Suez, il ne reste plus en Egypte qu'à nationaliser la misère. Ce qui excède évidemment le courage et les pouvoirs de son tyranneau actuel.

Les excès de zèle de M. Naboulsi

On aura remarqué avec surprise que l'entêtement de M. Naboulsi à suivre des ordres étrangers venant du Caire ou de Damas n'a pas suscité à Moscou l'enthousiasme accoutumé. La radio communiste s'est même retenue d'injurier le roi Hussein et d'encourager M. Naboulsi. Cette prudence montre que l'heure n'est pas venue pour les Soviets de s'emparer du Moyen-Orient. Ils essaient donc de temporiser, de pourrir encore la situation, ce qui leur permettrait de donner le change à propos de l'influence

------

[07] 12 avril 1957

réelle de leurs hommes de paille sur les masses arabes. Toute épreuve de force risque d'être fatale à leurs partisans et ils s'emploient à maintenir la fièvre en Jordanie craignant aussi bien de tuer le malade que de le guérir.

Maladresses soviétiques

Il est fort possible que les diplomates soviétiques aient exagérément misé sur la sottise, la pusillanimité ou les divisions des démocraties occidentales. On a justement compris au Kremlin que M. Chepilov menait une guerre douteuse. Tant qu'il se borne à de la mauvaise critique d'art, il n'est pas trop dangereux pour la Russie et ne menace plus la paix. Malheureusement les séquelles des méthodes Chepilov empoisonnent encore la politique des Soviets. Les plus grotesques du genre sont les menaces atomiques généreusement adressées aux puissances musulmanes après une homélie semblable aux Scandinaves. Ces vaines menaces ruinent toute la propagande « pour la paix », expédient le célèbre *Appel de Stockholm* au magasin des accessoires… Litvinof avait plus de style et Vychinsky de sang-froid… Toujours est-il que l'initiative est ainsi donnée au délégué américain M. Richards qui obtient du roi Séoud une prise de position tranchée contre toute tentative « qui menacerait la paix au Moyen-Orient.

Pour une solution

Cette région du monde ne peut rester perpétuellement dans une tension explosive parce que certaines puissances arabes manquent totalement de réalisme et refusent d'admettre l'existence d'Israël. Il faut aider, il faut soutenir les Arabes dans leurs aspirations légitimes et non pas dans leur « don-quichottisme » furieux. Une fois que nous les aurons aidés à comprendre que le génocide n'est pas une belle activité, l'Orient retrouvera une tranquillité féconde dont les Arabes seront les premiers bénéficiaires. On peut ainsi comprendre les propos que *L'Observateur du Moyen-*

Orient prête à Mme Golda Meir : « … A son avis, non seulement l'amitié franco-israélienne autorisait une amitié semblable entre la France et les pays arabes, mais elle préludait même à une possibilité de règlement en l'Etat juif et ses voisins arabes. » La sagesse et le réalisme du roi Abdallah lui avaient permis de rétablir la paix en Palestine par sa négociation avec Israël. Ce précédent illustre encore cette Jordanie ambiguë d'où la guerre peut sortir comme la paix.

--

Jordanie
Première victoire arabe contre Nasser

2 juin 1957

La Jordanie, en perdant son indépendance, serait réduite à ses richesses naturelles et à la commisération du Caire et de Damas – à rien On conçoit que cette perspective ait enchanté Abdel Nasser et les séides syriens de Moscou ; on comprend tout autant que le jeune monarque arabe ait eu quelque souci de l'avenir de son peuple. Et l'énergie du roi Hussein vient de faire le premier accroc sérieux au filet soviétique du Proche-Orient. Dans la chaîne Damas-Le Caire manque le maillon d'Amman. Tous ceux qui s'intéressent au maintien de la paix dans cette région du monde peuvent s'en réjouir… Il n'est pas sans intérêt de marquer qu'il s'agit là d'un succès arabe peut-être précaire, mais essentiel.

On se souviendra que dans ses débuts, la République égyptienne s'était choisi le drapeau noir, blanc, rouge du Reich, orné d'un aigle très proche de l'aigle nazi. Cependant le mégalomane Nasser a calculé à temps le bénéfice politique qu'il pourrait obtenir en exploitant l'arabisme et l'Islam auxquels il croit autant que M. Boulganine : il est progressivement revenu à l'emblème islamique de la dynastie de Mohammed Ali [88] Cette dernière manœuvre ne change rien au fait que la race arabe la plus pure ne se trouve qu'en Arabie séoudite, parmi les Bédouins et que, seules, les monarchies hachémites peuvent revendiquer légitimement la filiation prestigieuse de Mahomet. Séoud IV a pris conscience de ces réalités : il en témoigne par son message à Hussein de Jordanie où il le félicite d'avoir donné l'exemple aux souverains arabes. Un défi grave vient d'être ainsi lancé au pseudo-arabe Nasser.

Que de mépris amusé ne rencontre-t-on pas dans un traité marxiste de géographie humaine dès qu'il s'agit de parler des Bédouins ! Un matérialiste a tout lieu de se moquer d'eux : ils sont pauvres, ils sont « nobles » ; ils ont une conception exigeante, catégorique et désuète de l'honneur ; leur fierté est ombrageuse et leur fidélité sans défaut. Un communiste averti n'aurait pas dû, cependant, sous-évaluer leur importance politique. Pour le moment, leur manque redoutable d'esprit petit-bourgeois et progressiste vient de donner un coup d'arrêt aux manœuvres soviétiques de printemps. En effet, les chefs de la Légion arabe ont constaté leur aptitude remarquable à monter la cavalerie blindée. On peut dire, toutes choses égales d'ailleurs, que l'armée bédouine a joué un rôle plus important dans la sauvegarde de la Jordanie que la puissante flotte américaine.

---

[88] Le croissant et les trois étoiles sur fond vert.

Au cours de cette semaine orageuse le roi Hussein a montré beaucoup de sang-froid et d'énergie. Tout laisse croire qu'il est disposé à régner mais pour régner il lui faudra gouverner lui-même. Son grand-père Abdallah a fondé un Etat à partir du désert et de maigres oasis : à son tour, il pourra édifier une nation prospère et puissante. Cela suppose réalisées un certain nombre de conditions inégalement importantes.

Il conviendra d'aborder avec courage et ténacité le problème de l'assimilation et de la « jordanisation » des populations de la Cisjordanie. Une action dans ce domaine comporterait nécessairement une solution définitive du douloureux problème des réfugiés arabes de Palestine : ce qui implique une abstention totale de l'O.N.U. qui a fait la preuve en dix ans de son impuissance radicale à résoudre cette question.

Enfin, le jeune roi pourrait jeter un regard libre de préjugés sur l'Europe occidentale. Des pays comme l'Espagne et comme la France – dont les forces ne visent et ne peuvent viser à l'hégémonie comme l'U.R.S.S. et les Etats-Unis – pourraient offrir au jeune Etat une aide technique qui ne menacerait pas sa souveraineté.

--

Jordanie
   L'indépendance jordanienne et l'équilibre oriental
12 avril 1961

Le dictateur Abdel Nasser a plusieurs fois tenté de faire assassiner le roi Hussein. Depuis de longues années, la radio du Caire diffuse des appels au meurtre en direction du souverain hachémite. Et, malgré l'ironie pesante de certains journalistes qui souffrent d'une carence grave de mémoire, d'informations ou qui spéculent sur l'exotisme relatif de la Jordanie[89], il est permis de dire que le roi Hussein n'a pas voulu jouer les Télémaque ni les victimes consentantes. Il a rendu injure pour injure, coup pour coup, et après les menées criminelles de la R.A.U. à Amman, il n'a pas hésité à prendre des mesures de représailles ; les commandos jordaniens en Syrie ont fait trembler la clique dirigeante du Caire. En somme, le jeune roi a sauvegardé l'indépendance de la Jordanie et pour cela, il n'a pas craint de gouverner.

On vient d'annoncer cependant une prochaine rencontre Nasser-Hussein qui marquerait une réconciliation très surprenante. Ces démarches aboutiront-elles ? Il est difficile de le prévoir. Il sera plus commode de chercher quelles sont les causes probables de ce coup de théâtre.

Tout le monde sait que l'économie jordanienne, sous-développée, dépend étroitement de l'agriculture. Or les trois derniers hivers n'ont donné que de maigres pluies et cet hiver fut d'une sécheresse terrible.

---

[89] Dans la soi-disant *Tribune de Nation*, un soi-disant M. d'Istria parle d'une soi-disant grande politique américaine qui rejoindrait les visées politiques soviétiques en Orient. Ayant dit, nous appliquons à notre confrère son propre principe : il emploie « soi-disant » par trois fois dans un espace assez bref et chaque fois l'usage qu'il en fait est une impropriété.

Dans le même temps, le gouvernement des Etats-Unis faisait savoir qu'il transformait l'aide annuelle à la Jordanie, en aide mensuelle. Cette mesure, outre qu'elle est humiliante, empêche strictement d'établir un budget. D'autre part, elle a pu paraître au roi comme un signe de plus de la technique américaine dans l'abandon des alliés. D'où cette réaction et la pensée qu'il convient de s'entendre avec son voisin aussi détestable qu'il soit. Il se pourrait également que la Maison Blanche croie efficace l'anticommunisme verbal du bikbachi et assortisse cette croyance de recommandations.

Pour ce rapprochement, Hussein a écarté son oncle, le chérif Nasser. Il se sépare de son ministre de la Défense, Akif el Fayed et congédie ensuite cinq officiers supérieurs des plus loyaux à la couronne.

Selon certaines sources, c'est Nasser qui aurait pris l'initiative de la réconciliation. Il aurait fait en février une série de propositions au roi Hussein qui, lui-même, fit un geste en répondant à l'occasion du Ramadan. Ainsi le roi donne son accord pour organiser de nouvelles élections, pour relâcher l'ancien Premier ministre Naboulsi, etc. En échange, le roi Hussein aurait obtenu la tête de Kassem et la couronne d'Irak. C'est l'information que donne l'*Observateur du Moyen-Orient* [90] qui précise : « Les rapports provenant de Bagdad ont évidemment convaincu Nasser et Hussein que Kassem ne peut guère durer plus longtemps et que le problème de la succession se pose de manière urgente. »

---

[90] Numéro du 7 avril 1961

La situation, en effet, connaît une certaine agitation en Irak. Mécontentée par une augmentation des taxes sur le tabac, la population est devenue furieuse après une hausse de 20% sur l'essence. Kassem s'est aliéné la corporation des chauffeurs de taxi.[91]

Il est incontestable que la haine envers un Irak indépendant est presque aussi grande chez Nasser que la haine qu'il porte à Israël. Cependant, le roi de Jordanie peut garder pour lui la plus grande méfiance. Glubb Pacha dit avec humour dans ses *Mémoires* : « le colonel Nasser est un homme charmant. Il est délicieusement franc et sincère en apparence, mais il dit presque toujours des mensonges. » C'est là un conseiller très dévoué que le jeune roi peut écouter encore : l'imam du Yémen vient d'en expérimenter durement la valeur. Le but nassérien a longtemps consisté à supprimer l'indépendance de la Jordanie afin que la R.A.U. n'ait plus de question de continuité territoriale. Hussein aura donc toutes raisons de se méfier de ce néophyte des relations honnêtes. Devant les inconséquences américaines, il se retrouve seul. Mais, pour la résistance, son courage déjà signalé par Glubb et dont il a témoigné souvent, sa volonté affirmée de régner, valent mieux que dollars et porte-avions.

--

Jordanie
Le courrier du roi Hussein

---

[91] La cherté de l'essence n'a pas retenu les manifestants qui, la semaine dernière, ont incendié un grand nombre de voitures à Bagdad.

Pas plus qu'il y a quinze jours, on ne connaît aujourd'hui les raisons immédiates qui ont mené au rapprochement diplomatique du roi Hussein et du dictateur de la RAU. Mais comme l'on dispose, maintenant, du texte intégral des lettres échangées en la circonstance, on peut essayer, à partir de ces documents, de définir cette double démarche et d'en évaluer les limites et la portée.

On constatera en premier lieu que le roi Hussein invoque explicitement la croyance en Dieu et les devoirs religieux des musulmans pour expliquer son geste de conciliation : « Nous saisissons l'occasion du mois béni de Ramadan, au cours duquel le Coran a été communiqué aux hommes par l'intermédiaire du Prophète (...) pour vous écrire en prenant en considération les dangers qui entourent notre nation... »

En poursuivant l'examen de ce texte, on voit qu'il ne s'agit nullement d'une soumission. C'est avec une grande dignité que Hussein met en garde le chef d'un Etat pirate contre les illusions qu'il pourrait entretenir : « Dieu le sait : nous avons constamment été et nous le sommes encore, capables de répondre par le bien au bien qu'on fait. Nous pouvons également repousser le mal qu'on cherche à nous faire subir (...) Nous avons été à l'avant-garde chaque fois qu'il y avait attaque contre cette nation et qu'un danger la menaçait. »

Un peu plus loin, avec une audace certaine, le roi Hussein pourfend le mythe nassérien du monopole pour le combat arabe. Il ose dire avec justesse : « Nous tenons également à affirmer notre foi dans le fait que le peuple et la nation arabes n'ont jamais été et ne seront jamais la propriété de Hussein, fils de Tallal ou de Gamal Abdel Nasser et que

Gamal et Hussein ainsi que tous les responsables arabes sont les serviteurs de cette grande nation et ses soldats responsables devant elle et devant l'histoire. »

Le roi Hussein condamne ensuite la désunion entre les Arabes et estime que devant la violence de certaines attaques : « la nation se trouve en proie au scepticisme qui l'amène à douter de l'existence réelle des liens et des affinités qui unissent ses enfants. »

Ailleurs, et cette prise de position est essentielle, le roi Hussein s'élève contre l'athéisme et contre les doctrines antireligieuses. Il est bien certain que sont visées là les compromissions soviétiques d'Abdel Nasser : « Il est de notre devoir d'affronter les convoitises de l'étranger ainsi que les méfaits de la corruption, de l'athéisme et des doctrines qui font douter des valeurs sacrées et des croyances. » Il ne fait pas de doute, après une telle détermination, que la hargne des communistes à l'égard de Hussein et de la Jordanie ne va pas désarmer de sitôt.

Si le roi de Jordanie marque, dans sa lettre, une bonne volonté incontestable, il n'en donne pas moins de manière précise les conditions et les limites d'une réconciliation : « Les principes les plus élémentaires de coopération mutuelle, de solidarité et d'union face au danger, doivent être fondés sur l'égalité, pour le bien et pour le pire ainsi que sur la non-ingérence dans les affaires intérieures. » Il rappelle enfin que la Jordanie se situe : « sur les premières lignes défensives du monde arabe en lutte contre le sionisme et les ennemis de l'arabisme », fait que l'on oublie souvent au Caire où l'on se montre d'autant plus courageux que le danger est plus loin.

Passons maintenant à la réponse du bikbachi, qui est très longue, prolixe, circonstanciée. Voltaire écrivait bien au

Pape. Abdel Nasser, qui est directement responsable de nombreux assassinats d'Arabes et de musulmans, peut bien s'adresser au roi hachémite de Jordanie.

On ne sait pas si Abdel Nasser est un marxiste conscient : peu importe, et du point de vue marxiste même, s'il se conduit objectivement en marxiste. L'analyse qui suit n'est-elle pas d'un élève lourdement appliqué des communistes ?

Il apparaît d'abord, dans sa réponse, un athéisme fondamental très agacé au fond par le choix du mois de Ramadan pour cet échange diplomatique. On en verra une preuve dans la mise au point suivante : « J'ai naturellement compris que l'objet de ce message vous préoccupait et que le mois de Ramadan avec la signification spirituelle qu'il comporte, a simplement coïncidé avec cette initiative et ne l'a pas provoquée. Car les actes politiques ne sont pas dictés par les impressions sentimentales du moment, mais par des considérations fermes, aux racines profondes. »

Il ajoute ensuite une considération marxiste à propos des divisions entre Etats arabes : « … le fait demeure que le désaccord est l'expression de contradictions existant réellement dans le monde arabe contemporain. »

Abdel Nasser est si peu gouverné par des mobiles « sentimentaux qu'il assigne une limite très précise à la solidarité arabe qui (…) ne doit pas être non plus un facteur de paralysie des possibilités dynamiques arabes et une entrave à l'action de l'avant-garde arabe en mesure d'agir dans le sens d'une évolution ascendante. » Cela signifie en clair que ladite solidarité comporte une certaine valeur dynamique quand elle joue en faveur d'Abdel Nasser. Dans les autres cas, c'est une aimable survivance folklorique qu'il est dangereux de prendre au sérieux.

Viennent ensuite quelques explications amusantes et embarrassées sur le traitement du roi Hussein par la presse du dictateur. Elles montrent, une fois de plus, que le bikbachi n'a pas le moindre souci, le moindre respect de la vérité. Quand il écrit : « Il n'était pas logique de participer, autant que nous l'avons fait, à affirmer la légende du jeune et héroïque roi pour opérer ensuite un revirement et chercher à le démolir », il montre de manière évidente que peu lui importe que le roi Hussein soit « jeune et héroïque » ou non ; ce qui comptera, ce sera l'utilisation que Nasser pourra faire de cette légende.

Après différentes considérations sur la Palestine, un vague souvenir hitlérien affleure. Il pare les Egyptiens d'une élection, non divine, mais de l'aveugle destin : « Nous sommes convaincus – Sire – que notre peuple, par le fait de ses possibilités matérielles et morales, a été choisi par le destin pour être à l'avant-garde et à la base de la lutte arabe. »

Après quelques reprises des thèmes nassériens habituels, après le rappel de sa foi marxiste : « Notre politique, qui n'est en somme que le reflet de notre existence », une hypocrite déclaration : « Je sais que tout pays arabe est mieux placé pour traiter de ses propres problèmes et il n'est que juste qu'il ait le dernier mot. » Il ne peut s'abstenir d'un couplet final pour encenser lui-même sa propre vanité : « Ma nation m'a voué des sentiments qui ont atteint une ampleur à laquelle je n'avais jamais songé. »

Le roi Hussein a donc un nouveau portrait de son voisin criminel et c'est Abdel Nasser même qui en est l'auteur. Le souverain de Jordanie peut voir, une fois de plus, combien sa méfiance et sa volonté de résistance systématiques sont justifiées.

<u>Les aveux d'un assassin</u>

« …Je ne crois pas divulguer un secret, Sir, si je me permets de vous affirmer que la plus grande part des responsabilités de la lutte populaire algérienne a constitué un dépôt dont le peuple de la R.A.U. a pris la charge à l'égard du peuple frère d'Algérie, lequel a supporté à lui seul, naturellement, le poids de la lutte armée face à l'impérialisme français.

« Ce n'est pas non plus un secret que notre appui à la lutte armée du peuple algérien et à la lutte pour l'indépendance de la Tunisie ou du Maghreb a été parmi les causes invoquées par l'impérialisme français pour participer à la folie de Suez ou, mieux, pour s'efforcer de l'organiser. » (Nasser, à Damas, le 13 mars 1961)

--

Jordanie
Le roi Hussein : « Israël est une menace permanente pour la paix au Moyen-Orient »
12 septembre 1963

« Ma rencontre avec le général De Gaulle est la réalisation d'un vœu que je formais depuis longtemps » a déclaré hier matin le roi Hussein de Jordanie qui recevait la presse dans un grand hôtel de la place de la Concorde.

Le roi, qui s'exprimait en anglais, a déclaré que sa visite à Paris marquait le début d'une ère nouvelle dans les relations entre la France et le monde arabe.

« Ces relations, a-t-il dit, se rétablissent dans tous les domaines sur la base du respect mutuel. »

<u>Un Etat pauvre</u>

C'est le tableau de l'économie jordanienne que le roi présente ensuite : « Mettre des ressources suffisantes à la disposition du peuple malgré les difficultés. Nous luttons pour surmonter les difficultés, pour le bien-être de ce que nous appelons la famille jordanienne. Nous sommes, plus fortement que jamais, un peuple uni avec un but, et nous essayons de devenir un exemple pour nos voisins. Nous travaillons durement afin de pouvoir bâtir pour nous-mêmes et pour partager avec d'autres. Economiquement parlant, nous ne nous suffirons pas avant 1970. Cette date marquera la fin de notre plan qui s'échelonne sur sept années. »

« Nous savons bien que la Jordanie est un petit état pauvre dont la condition économique a été aggravée par le problème tragique des réfugiés palestiniens. Mais nous avons beaucoup de ressources à mettre en valeur et nous nous y employons. En 1970, le niveau de vie des Jordaniens sera encore assez bas comparé aux normes européennes ; il sera très honorable par rapport aux autres pays du Proche-Orient.

« En ce qui concerne l'éducation nationale, trois cent mille enfants sont scolarisés et seize mille étudiants poursuivent des études dans les universités du monde entier. Nous venons de fonder une université jordanienne.

« Nous essayons d'édifier un monde arabe meilleur. Nous ne le faisons pas avec des objectifs politiques, mais dans le dessein de construire, de créer.

« Notre économie est de type mixte. Elle comporte un secteur public et une part laissée à la libre entreprise. Notre société ne connaît pas de pénibles contrastes entre la pauvreté et la richesse excessive.

« Les dépenses militaires, que nous sommes obligés d'engager pour la protection de nos frontières, nous préférerions qu'elles soient consacrées au développement économique, mais nous n'avons pas le choix.

« Nous pouvons compter d'autre part sur des ressources chimiques (phosphates et certains produits de la mer Morte), sur les récoltes de primeurs dans la vallée du Jourdain, enfin sur les ressources du pèlerinage. La Jordanie, en effet, est une terre bénie pour tous les croyants. Il est facile de se déplacer en Jordanie. Le climat n'y est pas trop mauvais. Nous attendons pour 1963 quelque deux cent cinquante mille visiteurs.

« Le but de mon voyage est de faire mieux connaître ce que nous tentons dans notre pays. Je suis très reconnaissant pour l'aimable hospitalité que j'ai trouvée à Paris. Rencontrer le président de la République a été pour moi accomplir le souhait que je formais ; voir la sagesse et la fermeté de propos d'un homme de principes. »

Là s'achève l'exposé royal. La parole est donnée aux journalistes. La première question vient d'un Anglo-saxon qui s'enquiert du contenu des conversations franco-jordaniennes. Réponse du roi :

« Ces conversations continuent de se dérouler et les conclusions seront publiées en temps voulu. »

Tôt ou tard, l'union arabe se fera

On demande ensuite au roi Hussein ce qu'il pense du torrent d'injures déversé chaque jour par la radio de la R.A.U. Il répond avec flegme :

« Ce qui compte, ce sont les résultats. Nous nous unissons dans notre pays afin d'être en mesure de résister contre toutes les agressions. Nous ne refusons des relations diplomatiques avec personne à condition qu'elles soient fondées sur le respect mutuel. De toute manière, les pays arabes sont en face du même avenir, du même défi, et tôt ou tard, l'union se fera. La durée de nos pays dépasse celle d'une existence humaine. Quand les individualités auront disparu, il faudra qu'elles laissent leur œuvre pour leurs héritiers. Nous avons tous commis plusieurs fautes : nous en avons tiré la leçon. Il faut maintenant travailler. »

A un journaliste qui demandait si la monarchie n'était pas un obstacle à l'union, le roi Hussein répond avec bon sens :

« Il faut juger un régime sur son aptitude à servir le peuple. Il y a de bonnes et de mauvaises républiques comme il y a de bonnes et de mauvaises monarchies. Je pense que la monarchie permet d'atteindre certains objectifs.

<u>Israël : pas de solution dans un proche avenir</u>
A propos du problème kurde en Irak, le roi a affirmé :

« Nous avons pour règle de ne pas nous ingérer dan les affaires intérieures des autres Etats. Quoi qu'il en soit, il est vraiment dommage qu'il doive y avoir un problème entre Kurdes et Arabes. »

En ce qui concerne l'adoucissement des relations diplomatiques avec l'Irak et la Syrie, le roi déclare « Nous ne recherchons nullement des hostilités perpétuelles. Il n'y avait aucune raison de poursuivre cet antagonisme. C'est avec satisfaction que nous voyons se former de meilleures relations avec tous. »

Au sujet d'Israël, le roi Hussein a déclaré qu'il ne voyait pas de solution dans un proche avenir et qu'Israël

continuait de constituer une menace permanente pur la paix
dans cette région du monde.

Le roi Hussein a terminé sa conférence en exprimant
le double vœu de revenir prochainement en France et de
recevoir en Jordanie la visite de nombreux Français.

--

Jordanie
L'audace raisonnée du roi Hussein
22 mars 1972

Une ironie laborieuse assemblée de bon ton à
quelques commentateurs face au projet de règlement
palestinien préconisé par le roi Hussein de Jordanie. Ainsi la
presse israélienne prête au maire arabe de Hébron occupée,
le cheikh Ali al Jaabari, une allusion au « pêcheur qui vendait
des poissons avant d'avoir jeté ses filets. » Quant au journal
Yedioth Aharoth, il cite avec complaisance des propos qui
auraient été tenus par l'ancien gouverneur de la partie arabe
de Jérusalem, Anouar Khatib : « … c'est comme si, aux
Etats-Unis, un congrès de chefs indiens ouvrait un débat
pour désigner celui d'entre eux qui retrouverait
l'administration de New York. »[92] Les termes et le style des
projets publiés par le roi Hussein, le vaste retentissement
qu'ils ont connu en moins d'une semaine, invitent à ne pas
les considérer à la légère. Loin de constituer une suite de
rodomontades irresponsables, ils forment un ensemble de

---

[92] L'expulsion ou l'extermination des Indiens, à l'embouchure de
l'Hudson, fut en son temps un exemple de colonisation « sauvage »,
mélange de racisme et de cruauté à la manière des anciens Assyriens.

solutions mûrement réfléchies et méritent le nom de plan de paix.

L'opportunité du plan Hussein se constate à plusieurs égards : par rapport à la situation actuelle du monde arabe, en réplique adroite à la politique israélienne dans les territoires occupés, enfin par l'élan général qu'ils communiquent au peuple jordanien.

Dans le monde arabe, les erreurs accumulées par le général Abdel Nasser ont conduit à un certain effacement de l'Égypte. Les colonels libyens n'ont pas pris la relève du nassérisme et M. Boumediene considère avec méfiance leurs plans qu'il ne trouve pas bien sérieux.

Cisjordanie et Transjordanie.

Pour ce qui est des élections municipales, qui auront lieu le 28 mars en Cisjordanie occupée, elles changent désormais de signification. Il s'agissait de présenter à l'opinion mondiale de bons Arabes reconnaissants : leurs nouveaux maîtres leur ont apporté, avec la servitude, davantage de pain. Mais c'est un pain pétri d'amertume. Le roi Hussein leur apporte un espoir politique.

D'ailleurs, n'y eût-il aucune chance prochaine de mettre en œuvre ces propositions, l'affirmation solennelle d'une libération possible est une façon de prendre date. Qui donc en Israël s'aviserait de trouver dérisoire l'admirable cri : « si je t'oublie Israël… » ? Et qui donc pourrait affirmer que les musulmans n'estiment pas que la mosquée d'Al Aqça

serait mieux défendue contre les incendiaires par un État
jordanien ?

On sait que le roi Hussein a proposé de transformer le
royaume hachémite de Jordanie. Sous le nom de Royaume
arabe uni, cet Etat deviendrait un royaume fédéral. Les
éléments de la fédération serait évidemment la Transjordanie
dont Abdallah fut le premier roi en 1946, à quoi ça
jouteraient la Cisjordanie, c'est-à-dire la rive occidentale du
Jourdain et la bande de Gaza. La vieille ville de Jérusalem
serait la capitale de la province cisjordanienne, Amman
demeurant celle de la Transjordanie et devenant capitale
fédérale. « Le plan sera appliqué de telle façon qu'il répondra
aux aspirations nationales des habitants des régions sans
affecter pour autant les droits les citoyens d'origine
palestinienne », a déclaré le roi Hussein pour conclure qu'un
tel plan permettrait « la réorganisation d'un foyer jordano-
palestinien. »

On ne peut pas ne pas être impressionné par le double
caractère de modération et de fermeté du plan publié ce 15
mars par le roi Hussein. Modération, car enfin il ne prêche
pas la guerre à outrance avec le « sang des autres ». Il n'exige
pas, comme le malheureux ex-président syrien Ahmed el
Choukeiry, l'extermination des Israéliens ; il ne prend pas
comme hypothèse de travail le refus de reconnaître, selon
une forme ou une autre, l'Etat d'Israël

Ferme, ce plan l'est certainement car il n'abandonne
aucun droit fondamental des Arabes. Il est très exactement le
contraire d'une « trahison » comme des groupes rivaux de

partisans armés l'ont prétendu. [93] Il n'est pas interdit de penser que cette allégation est scandaleuse quand on se rappelle que l'armée jordanienne a été à la pointe du combat en 1948 et en 1967, le roi Hussein à la tête de ses troupes, tandis que d'autres personnalités trouvaient de l'agrément à des conférences très abritées.

Les chances du plan

Ce plan a des chances d'application dans l'exacte mesure où il dépend de négociations et d'accords entre les principaux intéressés, c'est-à-dire les représentants authentiques des Palestiniens réfugiés ou occupés, le gouvernement d'Amman et celui de Tel-Aviv. Les Israéliens ont profondément raison de souhaiter une négociation directe avec les Arabes : il n'y aura de paix durable entre Juifs et Arabes que si elle est librement négociée entre les intéressés.

Il est hors de doute, à l'heure actuelle, que le plan du roi Hussein fait horreur aux extrémistes et aux fanatiques des deux camps. A ce propos, les politiciens israéliens qui estiment ne pas devoir restituer les quartiers arabes de Jérusalem à la pleine souveraineté jordanienne, commettent une erreur fondamentale : ils ne se débarrasseront pas de la Jérusalem musulmane en la donnant à traiter par les « promoteurs » d'on ne sait quelles « garantie foncière ». La générosité a du sens quand on est le plus fort et la sagesse des nations enseigne qu'on ne le reste pas toujours. Et

---

[93] En particulier, l'organisation *El Fath*. Le mot fath signifie « conquête » en arabe et non pas « libération » comme on aurait pu s'y attendre.

L'Ecclésiaste proclame : « Celui qui craint l'Eternel évite tout excès. »

Le seul problème de Jérusalem peut engager ou éviter une guerre de mille ans : la bonne solution dépendra de la sagesse des Israéliens. Pour ce qui dépendait directement de Hussein de Jordanie, roi sans haine et sans crainte, la sagesse l'a emporté. Et « les filets paraissent avoir été bien tendus. »

--

Jordanie

Abou Daoud gracié

21 mars 1973

Les amis de la Jordanie et du monde arabe avaient appris avec inquiétude la nouvelle de la prochaine exécution d'Abou Daoud et de ses camarades palestiniens. On se souvient que le roi Hussein, après l'assassinat du représentant des Etats-Unis à Khartoum, à l'intérieur de l'ambassade séoudite, avait décidé de faire exécuter la sentence de mort prise par les tribunaux jordaniens à l'encontre d'un groupe de Palestiniens.

Cette mesure était regrettable à beaucoup d'égards : les Palestiniens en cause n'avaient aucun meurtre à se reprocher ; de plus, le roi de Jordanie paraissait agir, pour la première fois, selon les vues d'une puissance étrangère et non dans la perspective des intérêts et de l'indépendance de la Jordanie.

Le roi Hussein, qui a donné tant de marques de courage, en a finalement donné une autre, et des plus rares, celle qui consiste à corriger soi-même un premier jugement inexact. C'était la meilleure façon d'annuler des calomnies qui commençaient à se répandre et de rassurer ceux qui l'admirent, en considérant avec quelle fermeté clairvoyante il sauvegarde l'indépendance d'un pays continuellement menacé.

--

Kosovo

Le Kosovo, première nuisance yankee

Juin 2007

La fabrication du Kosovo par un OTAN domestique a installé en Europe occidentale un Etat « islamiste ». Le berceau chrétien des Serbes a été saccagé. Le gouvernement français de l'époque s'est couvert de honte en faisant bombarder la Serbie qui fut notre alliée lors de la Guerre de 14. Il fallut l'intervention personnelle du général Gallois pour faire libérer des aviateurs français abattus par la DCA serbe.

Les dégâts moyen-orientaux

On ne dénoncera jamais assez l'action sinistre des Etats-Unis du président Carter pour assassiner l'Iran impérial. La monarchie iranienne assurait un ordre paisible dans toute la région. La liberté religieuse était totale. Le développement économique était prodigieux et toute la population en bénéficiait. Un mollah médiocre a été littéralement fabriqué par la CIA qui faisant cause commune avec le Toudeh (communistes iraniens) a plongé l'Iran dans le malheur. Le pillage du pétrole iranien importait plus que la paix et la civilisation mondiale.

<u>Maghreb et Machrek attaqués</u>
Une des impostures les plus criantes installée avec naïveté et louangée inconsidérément par le président Obama lui-même : le lugubre printemps tunisien nommé outrageusement : *printemps de jasmin*, qui chasse du pouvoir le président Zîn-el-Abidin Ben Ali à qui l'on reproche :
- de développer l'instruction publique
- de ne pas mettre au tombeau la femme musulmane dès sa naissance
- d'être en paix avec ses voisins
- de ne pas pratiquer une francophobie hystérique.

Le résultat de ce départ : ruine d'une économie fragilisée ; installation de la terreur d'un Islam dénaturé.

L'Egypte subit aussi les manœuvres de la CIA. Le mot d'ordre lancé par les perroquets et les aboyeurs brille par son vide : « dégage ! » Le président Hosni Moubarak a beaucoup de reproches à se faire. Depuis Ibrahim Pacha, fils de Méhémet-Ali le Grand, c'est le seul général égyptien vainqueur. Héritier d'Anouar-el-Sadate, il a su maintenir la paix avec Israël et tenté loyalement de gérer l'économie de son pays en pleine explosion démographique.

Il a gouverné sous la menace des *Frères musulmans* et le chantage de Washington. Il convient de dire un mot de cette association. Il ne s'agit pas de « frères » et pas davantage de « musulmans ». Ils viennent d'une création du Colonial

Office de Londres qui voulait plomber l'indépendance nouveau-née du royaume d'Egypte. Un instituteur ignorant Hassan-el-Banna établit le programme du moment :

a) massacrer tous les juifs

b) massacrer tous les chrétiens

c) massacrer tous les musulmans qui ne pratiquent pas comme eux.

Ils forment une association obscurantiste qui n'a proprement rien de coranique.

Au Caire, les prétendus « frères » prirent le pouvoir par la violence et ils installèrent leur « grand maître » El Morsi à la présidence. Cet individu présentait une particularité intéressante : il avait fait toutes ses études aux Etats-Unis. Ses deux fils, résidents outre-Atlantique, ont la nationalité américaine.

Un sursaut de l'armée égyptienne a mis les imposteurs hors-la-loi. L'Egypte profonde peut espérer renaître.

--

Koweït
A Koweït : le panarabisme et « l'Intelligence service »
5 juillet 1961

L'émirat de Koweït était déjà célèbre pour les immenses richesses détenues par son sous-sol. Selon une estimation datant de 1959, ce territoire du golfe Persique contient le $1/5^{\text{ème}}$ des réserves pétrolières du monde. Sa population s'élève 200.000 habitants. Il faut compter parmi

80.000 koweïtis, le reste se partageant entre une importante minorité irakienne, des Palestiniens, des Hindous, sans parler d'un quarteron d'instituteurs envoyés par Nasser. Sir Abdallah El Salim El Sabah, l'émir, devint chef d'un Etat qui fut pendant 62 ans sous protectorat britannique. L'accession de Koweït à l'indépendance, le 19 juin dernier, s'est accompagnée le surlendemain d'une violente revendication formulée par l'Irak de Kassem, et tous les regards du monde se tournent aujourd'hui vers la petite principauté.

Dans leurs revendications, les Irakiens affirment des droits historiques. Ils leur viendraient des Ottomans : Koweït dépendait, au siècle dernier, d'un vilayet dont le centre administratif se trouve dans l'Irak actuel. En fait, il serait davantage fondé à revendiquer l'héritage de l'empire abbasside, s'il leur fallait à tout prix invoquer un précédent tiré de l'histoire.

Mais enfin, cette volonté soudaine d'annexion ne vient pas du généreux désir de rassembler en un seul Etat les fils d'une même patrie. Il s'agit aussi, et peut-être surtout, de s'emparer d'un centre pétrolier unique. Cette prétention n'est pas tout à fait nouvelle puisque le père du malheureux Faysal voulait annexer Koweït où l'appelaient des Koweïtis rebelles. D'autre part, la réunion de Koweït à l'Irak donnerait à ce pays une véritable indépendance économique, permettant l'enrichissement de toute la population. D'après certains, la cession de Koweït à l'Irak avait même été promise à Nouri es-Saïd en 1958.

Les convoitises irakiennes ne furent pas seules à s'exacerber après l'indépendance de Koweït. C'est ainsi que la semaine dernière, l'ambassadeur d'Arabie séoudite à Bagdad faisait savoir à Kassem qu'une « attaque contre Koweït serait considérée comme une attaque contre l'Arabie séoudite. » Le roi Séoud fit davantage en déclarant : « que l'on sache bien que le Koweït et le royaume d'Arabie séoudite ne sont qu'un seul et même pays. »

On sait que tout accroissement de Bagdad a toujours représenté un sujet d'affliction pour Abdel Nasser. Il admettrait d'autant moins la réunion de Koweït à l'Irak que sa R.A.U. est une médiocre productrice de pétrole. Il est donc naturel d'attendre du Caire une opposition plus ou moins violente aux projets irakiens.

Si les Etats-Unis n'ont pas de grandes possibilités de manœuvre, Grande-Bretagne et Union soviétique tentent de tirer le meilleur parti de cette situation nouvelle et les ambitions qu'elle a réveillées.

L'Union soviétique a encouragé Kassem dans sa revendication. En cas de réussite, l'Occident recevrait un coup aussi redoutable qu'à Suez. En cas d'échec, Kassem verrait augmenter sa dépendance à l'égard de Moscou. Mais recommencer Suez à propos de Koweït est difficile. En effet, si l'aveuglement des Etats-Unis est insondable, il peut se limiter dans la mesure où une société pétrolière américaine est en jeu. C'est le cas dans l'émirat de Koweït où les actions se partagent entre la Koweït Oil Company (britannique) et la Dutsch Oil Corporation of America.

Il semblerait en définitive que l'affaire de Koweït, si elle se limite à ses développements présents, ait menée à la réussite un certain nombre de manœuvres britanniques. Il est très surprenant en effet de constater une telle division dans le monde arabe pour une affaire qui présente des analogies avec celle de Suez. On a pu voir ainsi la semaine dernière le roi Séoud et Abdel Nasser refuser à un chef arabe le droit de s'emparer d'une source immense de revenus alors que ce pactole est contrôlé par des intérêts occidentaux. On aura noté quelque chose de plus piquant encore : l'intervention de commandes britanniques s'est faite et Le Caire n'a formulé que des protestations platoniques. Et comme les militaires anglais étaient secondés par des troupes séoudites, il n'aurait même pas été possible d'entendre les cris d'orfraie de la « conscience universelle » (M. Nehru, le père Ubu et M. La Pira, patron de Fiat Italie). La situation étant passablement complexe, on comprend la réserve de ladite conscience.

Ce n'est pas tout ; le camp de l'esclavage qui dispose d'ordinaire d'une consigne uniforme et préfabriquée, a préféré en l'occurrence, ne pas mettre tous ses œufs dans le même panier. Moscou et Pékin ne défendent pas le même concurrent.

Tout laisse donc croire qu'il s'agirait d'une affaire montée de toutes pièces par quelque diplomate anglais de l'ancienne école, sagace et malicieuse, qui voudrait illustrer un enseignement par cet exemple de perfection quasi-académique. Mais quelle sera la suite ? Saura-t-on à Londres tirer tout le parti possible du succès de ces manœuvres et

envisager un règlement d'ensemble qui rétablisse l'équilibre
au Moyen-Orient.

--

Liban

Sauver le Liban pour lui-même

2 juillet 1958

Une personnalité libanaise de Paris a bien voulu
répondre à nos questions concernant les heures tragiques
que traverse son pays. On remarquera la compétence,
l'équilibre et la lucidité sévère de ses déclarations :
*- Selon vous, comment se répartissent les tendances dans l'éventail de
l'opposition au Président Chamoun ?*

« En premier lieu, il faut compter une opposition de
« dépit ». Certains leaders ont été vexés par les résultats des
dernières élections. En effet, à la suite d'habiles manœuvres,
au cours d'élections parfaitement libres d'ailleurs, le
Président Chamoun a obtenu que des chefs des minorités
druzes et chiites ne soient pas élus au Parlement. C'est a
posteriori qu'ils ont cherché à énumérer les défauts du
régime Chamoun, pour justifier leur révolte. C'est le cas
d'Ahmed El Assad (chef chiite) et de Kamal Djounblat (chef
druze).

« De même, l'opposition chrétienne n'entend pas
entraîner le Liban dans la R.A.U. Si des Chrétiens entrent
dans l'opposition, cela vient soit d'un dépit personnel, soit
d'une spéculation sur le poste présidentiel que, selon eux,
Chamoun devrait laisser, afin qu'il puisse changer de titulaire.
A ces mobiles mineurs, il faut ajouter cette raison : beaucoup
de chrétiens, voyant que l'opposition rassemblait un grand
nombre d'éléments musulmans, ne voulaient pas en être

absents. Ils voulaient éviter qu'une controverse politique
devienne une guerre religieuse.

« A côté de ces deux oppositions, il en est une
troisième, qui est mue par de louches intentions. Malgré les
affirmations de ses représentants, son action est anti-
libanaise et elle opte pour la République arabe unie. C'est
justement pour cela que la R.A.U. les aide. Derrière elle, il y a
le communisme, qui tire certainement les ficelles. »

- Quelle est la réaction des Libanais, essaimés à travers le monde ?

« Le réflexe patriotique a joué à plein. Toutes les
communautés libanaises sont unanimes à vouloir préserver
l'indépendance nationale. Du Brésil, du Mexique, du
Venezuela, de La Havane, du Chili, de Paris, messages et
télégrammes affluent en direction de Beyrouth et appuient
sans réserve le Président Chamoun. Des offres de volontariat
ont été reçues. »

*- Quelles ont été les causes de la crise et comment envisagez-vous le rôle
de l'Occident ?*

« Le malheur actuel du Liban a été provoqué par
plusieurs facteurs. L'un des plus importants aura été
l'adhésion trop voyante du Liban à une politique étrangère
nettement pro-occidentale. Et c'est un fait significatif que
l'arrivée de M. Hammarskjöld était considérée par beaucoup
de Libanais comme la solution déjà définitive apportée par
l'Occident à la tragédie de ce pays. Non moins significatif, le
fait que certains Libanais aient attendu, et attendent contre
toute espérance, cette solution venue de l'Occident.

Or, si les Libanais sont restés fidèles à leurs amitiés
occidentales – tout en sachant que cette fidélité compromet
leur propre existence – l'Occident, de son côté, leur donne

l'impression désastreuse qu'il est en train de les lâcher et qu'il ne s'était intéressé à eux que parce qu'il spéculait sur cette amitié, la faisant servir à une propagande d'expansion politique. On a l'impression qu'une petite armée de 15.000 hommes est en train de lutter, sans chercher à triompher d'une façon trop violente, contre de rebelles aux intentions plus ou moins limpides, contre la R.A.U. (une trentaine de millions d'hommes) et contre, à l'arrière-plan, tout le bloc soviétique.

« La perte du Liban, ce serait le châtiment de l'Occident et de sa politique. De tout temps, pour racheter une faute, il a fallu qu'un innocent fût sacrifié. Le Liban aurait-il cette destinée tragique ? Il est certain qu'une négligence peut être parfois infiniment plus coupable qu'une faute proprement dite. S'il faut sacrifier ce petit pays pour avoir quelque semblant de politique face au désert syro-égyptien, il serait bon de garder une ombre d'honnêteté à l'égard de ce pays en lui montrant que tout le possible aura été fait pour le sauver.

Il est également certain que, s'il est perdu, c'est bientôt l'Irak, la Jordanie, l'Arabie qui suivraient. Que l'on ne cherche plus ensuite de solution au problème algérien, et tout simplement aux problèmes d'Afrique ! Devant la double menace de la VIème flotte et des volontaires soviétiques, le scepticisme d'un Libanais est grand. Il se demande dans quelle mesure les Soviets et les Américains ne sont pas d'accord pour se partager ce monde et s'ils ne « bluffent » par l'univers tout entier. »

Notre conclusion sera très proche de celle des colonies libanaises répandues à travers le monde. Il n'est plus temps de s'interroger sur l'opportunité de l'adhésion du Liban à la « doctrine Eisenhower ». Le Président Chamoun représente pour l'heure la volonté du Liban de sauvegarder son indépendance et de vivre en pays libre. Toutes les considérations secondaires, qui proviennent d'animosités personnelles, doivent s'effacer devant cette réalité. Si le Président de la République libanaise fait appel au monde libre pour le salut de son pays, il faut lui apporter une aide efficace et instantanée. Des traités, des engagements précis et solennels – auxquels la France est partie – garantissent l'indépendance du Liban. Il convient de s'y tenir.

--

Liban

Chronique d'un pays à la dérive

(Les Mémoires du Président Chamoun)

7 août 1963

Libanais (en l'occurrence arabes et chrétiens), homme politique chevronné qui demeura pendant six ans de septembre 1952 à 1958 à la présidence de la république, est aussi bien l'acteur efficace que le témoin privilégié des événements politiques orientaux. Ses Mémoires qui viennent de paraître[94] couvrent une période de soixante-trois ans. L'auteur a l'âge du siècle. Ils partent donc des dernières années de l'empire ottoman pour arriver au début de l'impérialisme raciste d'Abdel Nasser. En cours de route son largement évoqués le mandat français au Levant, la fondation de l'Etat d'Israël, les circonstances de l'affaire de Suez.

Dans les premières pages, le Président Chamoun se reporte à ses années d'enfance et donne une impression de

---

[94] *Crise au Moyen-Orient*, chez Gallimard

fraîcheur naïve que nous ne rencontrerons plus dans la suite. Il évoque, non sans émotion et humour, ses jeux « dans la petite école des sœurs de St Joseph » à Deir El Kamar où il fut placé à cinq ans, puis du collège français du Sacré Cœur dirigé à Beyrouth par les frères des écoles chrétiennes ; pour finir sa vie d'étudiant à l'école de droit de Beyrouth.

Mais la vie politique a déjà fait son entrée dans la vie des familles libanaises. En décembre 1914, le père de Camille, à la suite de dénonciations qui le présentaient comme ami de la France, est incarcéré à la prison ottomane d'Aley. Plus tard, il est envoyé à Jérusalem en résidence forcée. La fin de la guerre le verra déporté avec toute sa famille dans la petite ville turque de Kir-Chehir. L'ambassade de France rapatrie les exilés libanais en janvier 1919. On peut dire, à cette date, que la France était appelée par les vœux de tous les Libanais, mais le gouvernement de la république fut décevant. Du temps perdu aux vies sacrifiées pour rien, ce sont les dates aventures qui trouvent un certain écho chez les Français dès 1963. Camille Chamoun montre d'abord l'aspect négatif du mandat : « l'administration du mandat était changeante et versatile. Elle se caractérisait, en outre, par une indifférence quasi volontaire aux besoins véritables du Liban surtout dans le domaine économique. De 1924 à 1939, le Liban eut au moins quatre formes différentes de gouvernement et autant d'organisations judiciaires. Chaque haut commissaire apportait avec lui ses idées et plans personnels qui, le plus souvent, contredisaient ceux de son prédécesseur. » Il montre ainsi le caractère contradictoire des politiques libérales du comte de Jouvenel et autoritaires du comte de Martel. Le haut commissaire qui trouve seul un éloge sans réserve sera le général Weygand : « non seulement l'ordre s'est maintenu, mais les administrations locales furent organisées et commencèrent à avoir un rendement raisonnable » Après les élections de 1924 en France, l'envoi du général Sarrail, socialiste et athée, fut considéré comme une provocation par la majorité des Libanais. Sous le proconsulat de Sarrail se situe l'insurrection des Druzes. Sarrail est rappelé, son gouvernement avait été désastreux tant sur le plan militaire que dans le domaine civil. L'objectivité est un phénomène si rare dans le Proche Orient d'aujourd'hui qu'il convient de rendre hommage au Président Chamoun pour avoir osé être honnête et intelligent.

Après des critiques souvent fondées, il écrit : « il serait injuste de conclure que le tort était toujours du côté français. En toute équité on doit reconnaître que certaines fautes ont été commises par les responsables du mandat que parce qu'ils avaient été induits en erreur par leurs partenaires libanais. » De plus, il a été démontré qu'en maintes circonstances que l'administration du mandat s'est affirmée plus consciente des intérêts supérieurs du Liban que les Libanais eux-mêmes dont le jugement était souvent faussés par les passions politiques et les ambitions personnelles. L'auteur fait encore remarquer que le Liban doit au mandat le service du cadastre, une administration sérieuse, la liberté d'expression et la couverture des frontières. Il conclut en notant : « La période du mandat avec ses vicissitudes et ses moments heureux, ses inconvénients et ses avantages, fait partie de notre histoire.

La défaite de 1940 où la Troisième république sombre
en entraînant avec elle le pays, va consterner les nombreux
amis de la France en Orient. Après un terrible désastre,[95]
certains d'entre eux se ressaisissent et vont chercher ailleurs
des amitiés moins vulnérables. C'est là, nous semble-t-il, la
clé de l'anglomanie soudaine de Camille Chamoun. Il n'a pas
l'amitié héroïque : nous ne l'en blâmons pas, nous le
constatons. Nous croyons de même que ses amitiés
politiques sont guidées par le souci primordial de
l'indépendance du Liban. C'est un Machiavélien, ce n'est pas
un opportuniste. M. Chamoun doit en effet que les Etats-
Unis sacrifient d'un cœur léger l'indépendance des petites
nations, à leur « simplification commerciale » : il n'a pas
d'admiration pour eux et ne recherche pas
inconditionnellement leur amitié. D'autre part, il ne va pas
rejoindre le chœur des Arabes qui crient : « vive notre mort
et se font abattre sans résistance par Nasser. »

Plus que la défaite, le spectacle d'un certain gaullisme
qui fit battre en 1941 des Français contre des Français,
détacha plusieurs Libanais et Syriens de l'influence française.
Les missions pitoyables du débile Catroux firent le reste.
Malgré plusieurs efforts du général De Gaulle en 1944 et
1945, le terrain perdu ne fut pas repris. Camille Chamoun
négocia activement avec les Britanniques pour que
l'indépendance du Liban fût reconnue purement et
simplement sans privilège pour l'ancienne puissance
mandataire. En ce qui concerne le partage de la Palestine et
la proclamation de l'Etat d'Israël, nous ne suivons guère le
Président Chamoun. Il consacre une large partie de ses

---

[95] Peu de gens en Europe savent quelles furent la stupéfaction et
la tristesse du Caire à Istanbul à l'annonce de la chute de Paris.

Mémoires à cet événement capital et à ses suites. Il le présent selon une perspective arabe qui n'est pas la nôtre. En l'occurrence, il réprouve les moyens et la fin. Nous ne faisons des réserves que sur les moyens qui furent utilisés.

Nous ne nous attarderons pas sur ces chapitres des Mémoires, nous passerons au dernier épisode plus significatif peut-être, celui de Suez. A ce moment, les Libanais virent que dans l'arabisme devenu nassérisme, il y avait un changement radical. Au moment de l'expédition franco-britannique de Suez, le Liban avait pris la défense de Nasser tant à Beyrouth qu'aux Nations Unies. Au point que Camille Chamoun peut justement écrire pour le mois de février 1957 : « nous faisons plus pour l'Egypte que l'Egypte. »

En reconnaissance le noble Bikbachi installait la guerre civile au Liban au printemps de 1958 et finissait par obtenir un demi triomphe : le départ du président Chamoun. La VIème flotte américaine avait certes sauvé, in extremis, l'indépendance du Liban. Mais elle s'était gardée de causer une contrariété un peu forte à M. Nasser.

« La nation américaine a ses gestes de sublime générosité, ses traditions de courage et de progrès, son influence dans le monde qui aurait pu être déterminante, subit malheureusement le contrecoup des vues de ses dirigeants », écrit Camille Chamoun qui a osé dénoncer le péril nassérien, se battre contre lui et même, pour le bien de son pays, renoncer au pouvoir dont son ouvrage montre qu'il goûte profondément la griserie.

--

Maroc

Enquête sur la monarchie du Maroc

28 novembre 1962

Il était permis de craindre le pire avant de connaître
les grandes lignes du projet de Constitution marocaine. Le
roi Hassan II l'a fait publier le 18 novembre et ce même
texte sera soumis au référendum le 7 décembre prochain.
Après examen, il est clair que cette constitution prévoit une
monarchie vraiment moderne pour le Maroc. Elle répudie,
en fait, toutes les hérésies politiques des 18ème et 19ème siècles.
Par cela même, elle s'inspire en se l'intégrant, de
l'enseignement critique de l'*Action Française*.

En dernier lieu, on peut voir qu'elle ressemble, pour
certains rouages essentiels, à la constitution française de
1958. Pourtant – et ce n'est pas le moins étonnant – elle a
une structure plus accomplie que notre dernière constitution
puisqu'elle prévoit un roi héréditaire comme clé de voûte de
tout l'édifice. Hassan II semble avoir vu avec Maurras que
« les peuples déchirés par la démocratie doivent organiser un
recours énergique au seul Droit qui les puisse encore
sauver ».

Longtemps les professeurs de droit constitutionnel se
sont extasiés devant les dosages byzantins qui préparent, au
gré du rêveur, le bicaméralisme, le faux bicaméralisme, le
monocaméralisme et le policaméralisme. Sous ces mots
pédants se cachait la dictature terroriste d'une Assemblée ou
l'impuissance gouvernementale. Si on ne voulait pas
recommencer la Convention ou la IIIème république, il
convenait de ruiner le mythe poudreux des deux Chambres
sacrosaintes, symétriques et paralysées. On a donc créé une

Chambre des représentants qui donne un avis sur les projets de lois, mais qui ne décide en rien de leur suite. On a d'autre part prévu une Chambre de conseillers qui représente selon une terminologie célèbre, le *pays réel* (deux-tiers des conseillers sont élus par les membres des Assemblées préfectorales et provinciales et les Conseils communaux ; l'autre tiers est élu par les Chambres d'agriculture, de commerce, d'artisanat et par les représentants syndicaux).

Le Parlement vote la loi, mais ne vote que certaines lois. De plus la menace de dissolution pèse sur la Chambre des représentants, qui ne peut voter la censure contre le Premier ministre que dans des conditions étroitement définies.

En face des Chambres, le rôle du roi est essentiel et pour un Etat qui a des origines historiques anciennes et bien établies, on ne peut concevoir qu'il en soit autrement.[96] Le roi préside donc tous les Conseils de l'Etat, nomme à tous les emplois civils et militaires, commande les forces armées, ratifie les traités, dispose du droit de grâce. Ses prérogatives ne signifient pas grand-chose par elles-mêmes, puisqu'elles furent celles de nos présidents-soliveaux ; il est fondamental, en revanche, de savoir « le roi nomme le Premier ministre et les ministres et met fin à leurs fonctions, soit du fait de leur démission individuelle ou collective, soit à son *initiative*. » En outre, le roi peut soumettre au référendum tout projet ou proposition de loi. Enfin, la constitution marocaine connaît, elle aussi, son article 16, puisque le roi peut, en cas de péril, proclamer l'état d'exception.

Personne n'ignore les troubles produits par l'absence d'une règle dynastique stable dans les monarchies

---

[96] D'origine arabe, la dynastie des Alaouites est installée au Tafilalet depuis la fin du 13ᵉᵐᵉ siècle.

musulmanes comme dans l'ancienne monarchie de Pologne. Le Maroc moderne est en voie d'adopter la loi salique et les rois se succèderont « de mâle en mâle par ordre de primogéniture », ce qui évitera les perplexités et les manœuvres au moment d'une succession. La constitution pose également le principe de la responsabilité politique du roi, ce qui est fait pour empêcher toute vocation de soliveau. En tout état de cause, la forme monarchique de l'Etat et les dispositions relatives à la religion musulmane ne peuvent faire l'objet d'une réforme constitutionnelle.

Nous ne pourrons que nous réjouir de voir le Maroc adopter une constitution si conforme aux lois naturelles et si féconde en ordre vivant. En effet, la France de 1955 pouvait supporter dans son voisinage un Maroc anarchique et faible. Il est aujourd'hui de son intérêt d'avoir un voisin en bonne santé économique et politique.

Le roi Hassan II a montré à plusieurs reprises qu'il était en mesure de régner et de gouverner. Pour mieux le connaître, il n'est pas inutile de consulter le livre de Georges Vaucher.[97] Le ton en est courtisan mais il apporte un certain nombre de précisions biographiques utiles. Notons ici une phrase prêtée à son père Mohamed V et qui ressemble à une préoccupation maurassienne : « Ce qui importe, ce sont les rapports qu'entretiendront vos petits-fils avec les nôtres, les rapports des jeunes Français et des jeunes Marocains de demain. » Notons aussi que Hassan II n'élude pas les devoirs de roi. Il n'a heureusement rien d'un Télémaque et sa constitution n'est pas faite par Rousseau.

Moulay Ismaïl qui régnait sur le Maroc au temps de Louis XIV, nourrissait une profonde admiration pour le

---

[97] *Sous les cèdres d'Iframe*, Libres entretiens avec Hassan II, roi du Maroc, éd. Julliard.

Grand Roi. Il disait même « l'Empereur d'Allemagne n'est que le compagnon de ses électeurs ; le roi d'Angleterre, l'esclave de son Parlement ; le roi d'Espagne, un enfant soumis à ses femmes. L'Empereur de France est le seul monarque qui sache régner comme moi. » Le Capétien savait mieux régner que le prince alaouite à cause simplement de la règle de succession (de mâle en mâle, par ordre de primogéniture.)

Aujourd'hui, le royaume chérifien adoptera sans doute une loi fondamentale, la meilleure qui soit. Tout ce qui s'oppose à l'Etat marocain va tenter de paralyser cette constitution. Elle est cependant visible, puisqu'elle transcrit solennellement les grandes lois de la vie sociale. Mais tout cela laisse les Français sur leur faim. Quand la France reprendra-t-elle les institutions qui viennent de son histoire et établissent son avenir ?

--

Pakistan
Le Pakistan face à l'extravagant oncle Sam
11 septembre 1961

L'alliance américaine présente aujourd'hui tant d'efficacité, de clairvoyance, d'intelligence fine, de tact et de délicatesse, d'honorabilité, que l'on en vient parfois, à propos des Etats-Unis, à se poser la question du grand quotidien pakistanais *Dawn* [98] : « S'agit-il d'alliés ou d'adversaires ? » Il est bon de retenir une grande part de l'argumentation du journal de Karachi. D'abord parce qu'elle provient d'un allié ferme et loyal du monde libre. Ensuite parce que la forme et

---

[98] Dans son éditorial du 1er septembre

le fond de cet article montrent que les reproches procèdent d'une amitié déçue. Enfin et surtout ils méritent considération parce qu'ils sont fondés sur de graves réalités et que les difficultés du Pakistan se rencontrent sous une forme analogue chez d'autres alliés des Etats-Unis.

L'affaire du Cachemire

On sait que le Pakistan a fait preuve d'une longue patience devant les agissements malhonnêtes de M. Nehru au Cachemire. Il a attendu en vain que ce dernier tienne ses engagements solennels quant à la libre-détermination des populations musulmanes.[99] On se souviendra que l'armée pakistanaise a gardé son sang-froid devant les provocations nombreuses de Krishna Menon ex-ministre des agressions de l'Inde. On se rappelle aussi que ce Menon-là, pourri de philo-marxisme, n'a su opposer aucune résistance aux armées communistes chinoises. Il fallut la pression de l'opinion publique hindoue pour que ce mauvais serviteur de l'Inde fût mollement chassé par son maître et complice Nehru.

Dans le même temps, les Etats-Unis, la Grande-Bretagne et l'U.R.S.S. offraient des armes à l'inde. Et dans les mêmes mois, la Chine communiste offrait au Pakistan de délimiter de façon précise et définitive les frontières communes aux deux pays. Ce qui fut accepté et réalisé.

---

[99] Notons en particulier : « J'ai continuellement répété qu'aussitôt que les pillards auront été chassés du Cachemire (…) et que l'ordre aura été rétabli, « le Cachemire décidera lui-même de son appartenance par un plébiscite ou un référendum sous un contrôle international tel que celui des Nations Unies (…) Lettre du 21 novembre 1947 adressée par Nehru au Premier ministre du Pakistan.

Tout récemment, le Pakistan et la Chine communiste ont signé un accord technique de navigation aérienne qui lie la p.i.a. et « l'administration de l'aviation civile de Chine ». C'est le prétexte choisi par M. Kennedy pour annuler le prêt de quatre millions trois cent mille dollars qui allait être consenti au Pakistan dans le but de construire un aérodrome moderne à Dacca. Et le *Washington Post* de commenter avec talent : « Les Etats-Unis ne trouvent guère amusant le flirt prolongé du Pakistan avec la Chine communiste » et de se féliciter pour l'envoi à Rawalpindi de George Bali, personnage réputé énergique et coriace. Le but consiste à donner au Pakistan une « gifle » calculée.

Le journal pakistanais fait remarquer avec ironie que les « pourparlers ont eu lieu avec la Chine qui se trouve être un pays communiste, avec cette particularité que les Chinois n'ont pas la même « bonne fortune » que les communistes placés à l'ouest de l'Oural qui, eux, possèdent une peau blanche.

<u>Il y a deux sortes de rouges</u>

Dawn poursuit son éditorial en précisant que le ton comminatoire du Département d'Etat, les moulinets de gros bâtons évoquent la rencontre d'une brute avec un enfant.

Si l'on considère l'ensemble des données objectives, il est clair que la politique étrangère du Pakistan est parfaitement fondée. Il est, en effet, aberrant de confier des armes à l'Inde tant que l'ineffable M. Nehru restera au pouvoir. Jamais des troupes dépendant de M. Nehru n'opposeront une résistance armée décisive à une invasion de communistes chinois. D'abord et surtout parce que les sympathies marxistes du Pandit ne sont un mystère que pour les ignorants. En outre, parce que le lâche M. Nehru ne veut des armes que pur faire pression sur des voisins plus faibles ou très moyennement forts. Le Pakistan n'est pas seul à enregistrer les exactions de la Nouvelle-Dehli : Ceylan, la Birmanie et le Népal ont sans cesse des preuves pénibles d'un mauvais voisinage endurci. Et nous ne voulons parler cette fois que des puissances asiatiques.

<u>Un mauvais voisin</u>

Il y a plus : au cours de longues années, la Grande-Bretagne et les Etats-Unis, qui disposent d'immenses moyens de pression économique sur l'Inde, ne se sont jamais permis de recommander au Pandit d'être un peu honnête en matière de Cachemire. Il y a plus inepte encore, les Etats-Unis ne reprochaient nullement à l'Inde de signer, il y a peu d'années, de nombreux accords avec la Chine communiste de portée semblable au traité de navigation aérienne. Ils ont admis l'envoi d'armes russes à l'Inde en oubliant, par on ne sait quel prodige, que la Russie subit la domination communiste. Ils ont estimé rassurant d'établir le « télétype rouge ».

Un minimum d'information et un bon sens ennemi de la duperie peuvent éclairer sur l'utilisation que l'Inde entend donner à ses armes. Il suffit de se reporter au journal indou *Patriot*, d'y lire que l'expédition des armes russes en Inde « devra commencer aussitôt que possible en tenant compte de la tension croissante sur les frontières de l'Inde avec le Pakistan et la Chine. » On voit donc que les armes sont prévues en premier lieu contre le Pakistan qui est la principale victime de l'impérialisme de Nehru. On voit simultanément que si   l'ordre de priorité des menaces correspond aux haines et aux préférences de la clique au pouvoir à Dehli, elle ne traduit pas la situation politique objective de l'Inde.

Des personnalités pakistanaises ont fait clairement comprendre que le Pakistan ne désire pas changer de politique et ne veut pas renier ses alliances avec le monde libre. L'éditorial de *Dawn* s'achève sur une note de modération et d'égalité d'humeur qui est méritoires.

Il ne se prive pas d'une pointe spirituelle en estimant que « c'est à Washington que les gens devraient garder la tête froide. »

Nous ne rechercherons pas la même mesure car la saison n'en est pas venue : si la politique de M. Kennedy donne de mauvais résultats partout, à Cuba, au Caire, au Vietnam, à Moscou, au Congo, aux Indes, en Amérique même ce n'est pas la faute de la fatalité mais d'une mauvaise analyse politique. Il faut changer d'analyste. M. Kennedy doit démissionner.

--

Pologne
Hommage aux insurgés du ghetto de Varsovie
29 avril 1963

Il y a eu 20 ans, le mois dernier, que le ghetto de Varsovie s'insurgeait contre les persécuteurs et les bourreaux nazis. La société historique et littéraire polonaise[100] vient de rendre un hommage digne et émouvant à cette lutte héroïque dont le souvenir doit être gardé parmi nous. Les juifs de Pologne ont montré au monde qu'il est impossible de composer avec un certain type d'ennemis : leur action, leur courage désespéré font davantage ressortir l'ineptie criminelle de l'Europe libérale d'après 1920 qui suivait la loi politique du président Wilson et la loi morale d'Aristide Briand. Les juifs du ghetto de Varsovie ont osé appliquer le conseil de Bonaparte : « mieux vaut-il s'exposer à vaincre que d'être victime sans alternative. »

Leur combat a sauvé l'honneur des persécutés, de toutes les victimes civiles de Hitler. Mais ce ne fut pas seulement une victoire morale. Ce fut aussi, en 1943, le premier coin enfoncé dans le dispositif nazi en Europe orientale.

Dans la bibliothèque polonaise du quai d'Orléans, les souvenirs de la Pologne du XVIIIe siècle et de la Pologne romantique accueillent un public venu nombreux participer à cette commémoration. Dans l'assistance des visages et des silhouettes rappellent quelques personnages du *Pain dur* de Paul Claudel. Le prince Poniatowski qui préside, donnera tour à tour la parole à M. Kawalkowski, à M. Michel Borwicz et à Mlle Marie Czapska.

Les deux premiers orateurs ont précisé pour l'auditoire des faits historiques de première importance. M. Kawalkowski affirme que le « ghetto » n'avait jamais existé

---

[100] 6, quai d'Orléans, à Paris

en tant que tel en Pologne. Il montre comment la population israélite de Varsovie passe de 370.000 personnes en 1939 à 540.000 au 16 novembre 1940, date de constitution du ghetto par décision hitlérienne. Cet accroissement de population était dû à l'arrivée des juifs de province chassés de leurs différentes villes par les SS et l'armée d'occupation. Il retrace avec objectivité les données de la question juive de Pologne, rappelle la solidarité des Polonais chrétiens et juifs face à l'envahisseur. Il conclut en évoquant le rôle des anciens de l'armée Anders dans la lutte pour la fondation de l'État d'Israël.

M. Michel Borwicz, fondateur du Centre d'études pour l'histoire des juifs polonais, capte l'attention de l'auditoire : il a été à la fois témoin et acteur de ces heures terribles. Sait-on suffisamment dans le monde libre qu'une population civile s'est préparée dans les pires conditions pour un soulèvement qui a duré quatre semaines ? Elle luttait contre des éléments d'élite de régiments SS qui disposaient de ravitaillement, du nombre, et d'une puissance de feu énorme. L'éloge le plus significatif que méritera la population du ghetto, nous la retrouverons dans cette phrase du commandant SS : « Les juifs ont tenu jusqu'au dernier moment et, même dans les décombres, ont tiré sur nos unités. » C'était la première insurrection en date de tous les pays occupés.

Mlle Marie Czapska apportera un témoignage particulièrement autorisé : elle se trouvait à Varsovie pendant toute la guerre, elle a assisté au martyre de la capitale jusqu'au bout. Avec une grande élévation de pensée, elle salue « Israël, notre frère aîné », rappelle avec des accents poignants les épisodes de la persécution, exaltent les sources communes de la fois chez les juifs et les chrétiens et exprime le vœu que cette relation privilégiée commande d'avenir.[101]

--

Russie

Bon M. K. et « petite Syrie »

23 octobre 1957

Personne n'aura été surpris des termes de la succulente lettre de M. Khrouchtchev aux partis socialistes occidentaux. Tout le jargon marxiste y passe, en effet, avec sa succession de clichés, son lourd martèlement de contre-vérités imperturbables ; mais l'agencement des phrases traduit avec drôlerie le personnage impulsif et tonitruant du secrétaire du Parti communiste soviétique. Jamais cependant, pareille « sortie » n'aura été moins opportune ; certainement calculée, elle paraît aussi désastreuse que les gaffes de l'homologue occidental de M. Khrouchtchev, M. Foster Dulles. Si l'on tient compte des buts visés, on s'apercevra que certains sont déjà manqués et que les autres seront impossibles à atteindre autant qu'il plaira à l'Occident de le vouloir. Au championnat de la gaffe, dans le Club des Deux Grands, M. Dulles est distancé par M. K....

On avait pensé au Kremlin, avec le souvenir agréable de l'agitation travailliste au moment de Suez, qu'il serait facile d'ameuter le Labour et les autres partis socialistes d'Europe en s'adressant à eux par-dessus leurs gouvernements. Afin que la saynète parût jolie, M. K. avait fait suivre son nom de

---

[101] Nous parlerons prochainement d'un excellent ouvrage qui retrace l'histoire du ghetto de Vilna : La *Victoire du Ghetto*. Ce livre du Dr Dvorjetski a paru aux Editions France Empire.

sa qualité de premier secrétaire du Parti communiste de l'URSS. Malheureusement, un détail fut oublié : la lettre du secrétaire fut remise par les ambassadeurs soviétiques et les oreilles du loup pointant sous le bonnet de dentelles, les travaillistes belges et allemands n'ont guère apprécié le procédé. Cette manœuvre est donc manquée.

M. K. visait aussi, en enflant la voix à propos de la Turquie et de la Syrie, à obtenir de manière tangible les premiers dividendes du « spoutnik ». Il s'agissait d'abord de diviser l'opinion turque ou, plus simplement, de tourner ce voisin, qui est un obstacle très ferme aux ambitions annexionnistes des Soviets, en abattant le courage de ses dirigeants. A la veille des élections turques, qui ont lieu le 27 octobre, le moment fut jugé particulièrement favorable. Ankara a rejeté avec ironie les accusations suivant lesquelles, d'après M. K., elle voudrait rétablir la domination ottomane sur les peuples arabes. L'unité montrée par les Turcs à cette occasion, leur vigueur et leur flegme ont révélé que cette deuxième spéculation soviétique était mal fondée.

Il y a bien une partie du programme soviétique qui a réussi. Ce n'était pas sans amertume que l'on voyait de Moscou l'agent Abdel Nasser perdre l'initiative politique. Aussi lui a-t-on donné une chance : celle de se poser une nouvelle fois en paladin du monde arabe par l'envoi de quelques troupes égyptiennes en Syrie. Il reste que ce petit succès entraîne avec lui bien des revers. Ne parlons pas de la répugnance du soldat égyptien à s'expatrier[102], de la hargne que les Aleppins nourrissent contre l'Egypte et qui s'étendra : mais, ce qui est plus grave, Abdel Nasser a clairement déplacé sa tour et ses chevaux avec l'autorisation ou l'ordre de Moscou. Il apparaît de plus en plus, et même

---

[102] Jean et Simone Lacouture le rappelaient dans leur livre sur *L'Egypte en mouvement*.

pour les gogos de Wall Street et les stratèges des compagnies pétrolières, comme un collaborateur actif du communisme international. Cet effet ne figurait sans doute pas dans les buts de guerre de M. Khrouchtchev.

L'essentiel du projet Khrouchtchev demeure cependant en balance. Sa réussite ou son échec dépendent de la clairvoyance, de l'unité et de l'énergie des Alliés. Dans son éditorial, *New Statesman* écrit que : « M. K. peut réaliser un beau capital en prévenant que nous pouvons être « au bord d'une guerre nouvelle et dévastatrice » et revendiquer pour la diplomatie soviétique le crédit d'avoir sauvé la paix. Cela est une carte qu'il peut jouer à l'instant qu'il veut. »[103] Nous sommes loin de partager ici la pensée du *New Statesman*. Il est assuré, comme l'expérience de Suez l'a prouvé et comme il fut dit dans la *Nation Française* en octobre et novembre 1956, que l'Union soviétique n'engagerait pas une guerre mondiale tant que ses frontières d'Europe orientale ne seraient pas menacées.

Guidé par plusieurs mobiles, M. Khrouchtchev a donné de la voix. Nous avons cru déceler certains d'entre eux. M. K. s'est, en effet, posé – indûment et combien ! – en protecteur des Arabes et en maître de la paix et de la guerre. Il serait extrêmement facile de lui montrer qu'il n'est en réalité ni l'un ni l'autre. Son bluff lui permet de gagner du temps et d'entrer dans une conférence de règlement des problèmes orientaux avec une apparence d'initiative. Car ses totons militaires en Egypte et en Syrie n'ont pas l'assiette solide qu'il aurait voulu. Si les Occidentaux laissaient faire l'Irak, un grand Etat arabe sortirait de l'incorporation de la Syrie au royaume hachémite de Bagdad. L'URSS ne saurait intervenir entre *deux Etats arabes* sans perdre son prestige qui repose sur sa complicité méthodique avec le panarabisme.

---

[103] Numéro du 19 octobre 1957.

Telle est la vraie menace qu'elle a sentie pour le gouvernement des marionnettes Bizri, Serraj, El Bittar, El Azem. Elle a centré son tir sur la Turquie car c'est un pays musulman non arabe, et ses aboiements ont fait diversion à la réelle menace qui pèse sur ses collaborateurs.

Un nationaliste arabe authentique, le roi Hussein de Jordanie, vient de déclarer au journal *News of the World*[104] que « les deux puissances géantes et les autres Etats étrangers doivent respecter l'indépendance souveraine des Etats arabes, ne pas gêner leur liberté ni intervenir dans leurs affaires intérieures » (ce que fait M. Khrouchtchev). Dans ce même journal très populaire de la presse dominicale britannique, Aneurin Bevan estime que « la paix et la stabilité au Moyen-Orient supposent maintenant des accords qui incluraient l'Union soviétique. » Après avoir remarqué que les manœuvres russes ont pour supports économiques les besoins pétroliers de l'Europe, M. Bevan déclare : « que le pétrole, pour les Etats arabes, n'est bon que s'il est acheté. De telle sorte que si les clients s'entendent sur une politique, les fournisseurs de pétrole y prêteront attention. »

Il est très évident que cet article sous-entend un préjugé défavorable à l'encontre des Arabes. Le roi Hussein dit fort bine, et là Russes et Américains sont renvoyés dos à dos, que « leurs droits et leurs intérêts légitimes ne doivent être ni l'objet de marchandages, ni exploités par des propagandes qui visent à la réalisation d'ambitions et d'intérêts égoïstes. »

Si les Etats-Unis laissent faire l'union de l'Irak et de la Syrie avec Bagdad pour centre, cette union va dans le sens de l'histoire arabe et dégonfle les baudruches soviétiques qui ont masqué les réalités et faussé les perspectives de l'Orient. Le seul point qui pourrait faire l'objet d'un accord entre les

---

[104] Numéro du 20 octobre 1957.

deux géants avec le parrainage onusiaque serait – M. Bevan en parle – « une garantie à Israël contre toute agression venant de ses voisins et une garantie à ses voisins contre toute agression venant d'Israël. » Les sages d'Israël et d'Ismaël ne demandent pas autre chose. Au-delà des chantages et des manœuvres, c'est la deuxième contribution à la paix et au développement que les puissances peuvent offrir à l'Orient contemporain.

--

Russie
Le compagnon de route et l'alliance atlantique
16 octobre 1957

Dans l'avenir immédiat, les conséquences militaires et politiques du lancement de « bébé-lune » vont toucher les hommes plus que les routes qu'il ouvre aux sciences sidérales. Les experts évaluent de manière satisfaisante ce qu'il suppose d'avance technique dans le téléguidage des fusées ; son influence politique ne dépendra pas de sa réalité, mais de l'idée plus ou moins fantaisiste que s'en feront les gens. Cerner ces représentations permet de situer le cycle politique du « spoutnik » et de supputer ce qu'il révolutionnera. Un remarquable éditorial de l'*Economist* fait d'ailleurs observer que « c'est dans la sphère politique plus que dans la sphère militaire que le « bip » résonne d'une manière très pressante. »[105]

Bien que cela puisse paraître étonnant, l'effet de « spoutnik » sur les populations arabes ne sera peut-être pas décisif. Il ne saurait frapper l'imagination autant que le récit horrifié des premières explosions atomiques et moins encore

---

[105] Lire l'article intitulé : *Les deux faces de la « Lune »* dans le numéro du 12 octobre 1957.

que l'apparition du premier avion. Les camelots vendent en Egypte des ballons multicolores remplis au gaz d'éclairage que les enfants laissent voler droit vers le ciel. A côté de ces jeux, le lancer du « spoutnik » a un aspect terriblement abstrait pour les masses. En revanche, les réactions des dirigeants arabes neutralistes (celles de millionnaires syriens et club des officiers du Caire) iront du soulagement à l'exultation. Elles pourraient même les inciter à des imprudences ou à des provocations fatales. Les Séoudites, eux, ne vont pas regretter leur politique d'équilibre. Quant à ces hommes d'Etat, irakiens et jordaniens, qui réunissent l'âge, l'expérience et la sagesse, qui ont vu la chute et le rétablissement de plusieurs empires, ils doivent sûrement penser, avec M. de Norpois « Il est urgent d'attendre. »

Il faut mettre ce délai à profit. Les Etats-Unis ressentent encore la stupeur dont ils ont été frappés en voyant leur avance technique mise en question par l'URSS. Mais cette phase pénible pour leur vanité risque d'être bienfaisante pour leur vie. Tout le monde sait que jamais les Etats-Unis n'auraient mené leur gigantesque effort de guerre contre l'Axe sans le désastre préalable de Pearl Harbor. Si les « démocrates » ou les « républicains » savent guider l'étonnement et l'émotion populaires, les Américains seront galvanisés plutôt qu'abattus par le « spoutnik ».

Ils vont aussi se rendre compte que leur supériorité est relative aux alliances, aux amitiés qu'il leur reste à travers le monde. Car l'*Economist* montre fort bien que malgré le « spoutnik » l'Union soviétique reste vulnérable « aussi longtemps qu'existera le filet des bases alliées en Europe et en Asie. » Les Américains savent parfaitement que la solidité des mailles de ce filet dépend de la chaleur que Français et Britanniques mettront dans l'alliance qui nous groupe. Cela les conduira à traiter leurs alliés avec plus d'égards.

Ils trouveront en face d'eux un partenaire britannique très compréhensif. Le Foreign Office a rangé provisoirement la chronique du comportement scandaleux de M. Dulles à Suez dans un tiroir d'archives. La presse anglaise met l'accent sur la communauté des peuples de langue anglaise et, dans les circonstances actuelles, ce rappel rencontrera beaucoup d'écho dans l'opinion américaine. La visite officielle de la reine Elisabeth au Canada et aux Etats-Unis va donner de l'éclat à ce rapprochement essentiel.

En France, le secteur le plus vif, le plus remuant et le plus exigeant de l'opinion aura beaucoup plus d'inclination envers une alliance qui se présente aujourd'hui comme une obligation inéluctable, une pharmacopée insipide ou un remboursement de créance. On peut ouvrir des paris sur le rajeunissement du Pacte Atlantique. Il était d'avant-hier, il va être d'aujourd'hui. N'oublions pas que le sentiment neutraliste dans notre pays, s'il est très diffus, est également très superficiel ; M. Dulles compte parmi ses oncles gâteau tant il l'a encouragé par ses gaffes célèbres et mal calculées.

Nous prendrons donc à notre compte ce propos de l'*Economist* qui unit à l'exactitude de l'analyse une certaine beauté d'expression : « Si les « bip » venus du ciel montrent l'évidence de nos avertissements, à tous ceux que cela concerne, ils auront transmis un message très utile – et illustré – bien que, d'une manière inattendue, le vieil adage suivant lequel il faudrait la menace d'une autre planète pour que les nations effrayées se jettent dans les bras l'une de l'autre. »

Comme l'a dit un ancien ministre britannique : « Pour l'Union soviétique, la seule véritable arme absolue c'est la *désunion des alliés.* »

Pour le monde libre, l'arme absolue est l'unité qui peut se faire très vite à a condition que chaque partenaire y mette le prix et aille de l'avant.

--

Syrie
En Syrie, échec aux Soviets
5 décembre 1956

Une faction syrienne menée par le colonel Abdel Hamid Sarraj[106] travaille fébrilement pour le compte des Soviets et de leur allié Nasser. Dans l'Orient arabe, toutes les manifestations de solidarité envers l'incroyable Bikbachi se sont limitées au sabotage des pipelines de la Compagnie Iraq Petroleum : ce travail a été accompli par des spécialistes sur l'ordre de l'état-major syrien. Ce qui ne paraît ni très authentique, ni très spontané, en fait de manifestations populaires. À en juger selon les méthodes utilisées, on croirait que M. Chepilov lit assez peu Lénine et qu'il est un fanatique étudiant de Trotski.

Dans cet esprit, il prépare des coups de main contre la Jordanie et surtout contre le redoutable Irak, qui réunit plusieurs crimes de lèse-Soviet. C'est un grand pays arabe, nationaliste et en même temps anticommuniste et peu nassérien. Pour aggraver les choses, le Premier ministre d'Irak, Nouri El Saïd, est le plus dangereux ennemi que le communisme connaisse en Orient. Il serait très opportun pour Moscou de s'en débarrasser, voire d'y commettre un assassinat. Les tentatives n'ont pas manqué et un attentat

---

[106] Il dirige le bureau d'espionnage.

sans effet a eu lieu il y a une semaine. De toute manière, Nouri El Saïd ne se tient pas seul. L'armée irakienne constitue une force importante et si l'armée syrienne se décidait à l'attaquer par ses propres moyens, il serait imprudent de parier pour elle. Enfin et surtout, la dynastie hachémite voit passer à sa portée le moyen de réaliser son vieux rêve de Croissant Fertile, projet qui a des fondements géographiques plus sérieux que l'axe Le Caire-Damas. Dans le cas d'une réussite hachémite, Nasser pourrait tyranniser l'Égypte de nombreuses années encore, mais il devrait renoncer à ses projets fumeux d'empire raciste.

Auteurs en quête de personnages

Qui a lu l'ébouriffante « Philosophie de la révolution » du colonel Nasser dans l'*Express* se souviendra que le matamore était incapable de faire une citation exacte. Il y estropiait en effet le titre d'une pièce célèbre de Pirandello : ce n'était plus « Six personnages en quête d'auteur », mais bien l'auteur en quête de personnages. S'il y a des Jordaniens ou des Irakiens qui veulent se faire les fossoyeurs de leur pays, ils peuvent s'adresser à Moscou, où l'on cherche des « personnages ». Nul doute qu'il n'y ait des candidats : leur succès seul demeure problématique, si l'on examine les positions des divers pays.

Le barrage commencé

Les voisins de la Syrie ont manifesté leur inquiétude. Pour ne pas être surprise, la Turquie masse des troupes à sa frontière méridionale. Le Liban paisible a poussé l'audace jusqu'à protester contre les raids perpétrés en territoire libanais. Il s'est même donné, avec M. Sami El Solhy, un gouvernement indépendant de l'influence nassérienne. Ce petit pays n'est pas seul à montrer sa volonté de survie. Tous les alliés du Pacte de Bagdad ont adopté une politique étrangère commune : l'Iran et le Pakistan se sont joints à l'Irak et à la Turquie pour définir les impératifs de la défense. À cette occasion, M. Suhrawardi, le Premier ministre du Pakistan, qui n'occupe son poste que depuis quelques mois, a montré des qualités digne d'un homme d'État.

Aider l'Irak à Port-Saïd

Il suffira, dans cet ensemble politique, d'audace et d'un accord parfait entre les franco-britanniques pour donner à l'expédition d'Égypte le caractère d'une victoire diplomatique sans ambiguïté. M. Selwyn Lloyd et, bon gré mal gré, M. Pineau veulent céder à la pression américaine et évacuer Port-Saïd contre du pétrole et des garanties. Ce serait tout à fait démentiel de plier aux billevesées du département d'État. Pour ce qui est du pétrole, il faudrait bien que Washington sache que l'URSS peut en vendre aux besoins : quant aux « garanties » des Etats-Unis, nous sommes payés pour savoir, depuis 1919, qu'elles ne valent rigoureusement rien, c'est à dire un peu plus que ne vaudrait une garantie de l'ONU. La Hongrie martyre en a fait l'expérience. Il fallait rester à Port-Saïd inconditionnellement. Une fois les troupes franco-britanniques évacuées, Abdel Nasser sera fort tenté d'attaquer l'Irak – ou le Liban – refusera de plus belle toute négociation et menacera plus que jamais la paix en Orient.

Rééduquer les Quakers

La presse progressiste de toute origine – celle-là même qui déconseillait toute expédition, car selon elle, l'armée de Nasser était difficile à vaincre – exige que nous abandonnions le gage qui est entre nos mains. Le gouvernement des Etats-Unis ne dit pas autre chose. C'est pourquoi l'*Express* déplore affablement la vague d'anti-américanisme qui a traversé l'opinion française. Cette collusion inattendue n'est pas seulement pénible, elle est dangereuse. L'*Economist* de la semaine dernière estimait que l'Angleterre devait filer doux, car elle ne pouvait se passer du pétrole du Moyen-Orient, à la différence des Etats-Unis…

Les dirigeants américains se sentent prêts à rééditer de sang-froid la perte de la Chine. Ici, la variante est aggravée. À force de collectionner les désastres, de remporter des victoires sur leurs propres alliés en Orient et ailleurs, de fonder leurs alliances sur le bon plaisir et les intérêts à courte vue, c'est leur vie même qu'ils mettent en danger.

--

Syrie
La Syrie, satellite de la planète Marx
28 août 1957

Plutôt que de défendre farouchement l'indépendance
de leur pays, contre toute ingérence de l'étranger, certains
bourgeois syriens avides de facilité ou d'aventures
totalitaires, se sont contentés de vitupérer l'Occident.
L'économie damascène ne s'est pas forgée pour autant
et l'indépendance est perdue.

Devant le naufrage syrien, comment ne pas être frappé par une similitude de réaction décelable dans des journaux aussi différents que *Le Monde* et *Rivarol* ? Chacun songe avec nostalgie à l'époque du mandat français. *Le Monde* évoque avec sobriété et abstraction, comme Charlus aux derniers tomes de la *Recherche du temps perdu* « le dramatique enchaînement de faits qui en douze ans ont conduit ce pays du mandat français à un régime nettement préférentiel pour l'Union soviétique. »[107] *Rivarol* apostrophe sur un ton fleuri et désuet « messieurs les gaullards ». Mais la nostalgie ne donne pas de bonne politique.

Dans le présent, *Le Monde* peut reconsidérer le problème de l'Algérie en tirant la leçon de l'expérience syrienne ; quand à *Rivarol,* il est peut-être temps pour lui de renoncer à sa conception de l'Europe proche parente du panarabisme négatif des partis « Baath ». La nostalgie consiste à s'opposer au Pacte de Bagdad en 1957 quand il aurait fallu réagir en 1945, mander à Damas un Leclerc ou un Weygand et non l'incroyable mannequin que nous y envoyâmes pour capituler.

La France se plaint à juste titre de ne pas avoir été consultée par M. Dulles, l'autre semaine. Peut-être faudrait-il que nous nous intégrions au Pacte tant décrié. N'oublions d'ailleurs pas qu'il nous reste une autre possibilité, celle que nous soufflent complaisamment les feuilles progressistes : lutter activement contre le Pacte de Bagdad, en perdant, au

---

[107] Numéro du 24 août 1957

préalable, l'Algérie. Il n'y a malheureusement pas de tiers-parti.

<u>Un suicide sur l'Oronte</u>

Si l'on en croyait certains augures au mois d'octobre 1956, le passage graduel de la Syrie dans l'orbite soviétique n'était qu'une chimère, une nouvelle illusion de Cassandres toujours démenties. Il fallait, disaient-ils, ne pas effaroucher les politiciens de Damas. A force de leur parler de communisme, ils finiraient bien par en avoir envie. Car il est indiscutable, pour ces lucides spécialistes, que la tuberculose s'attrape à cause des vilaines campagnes que l'on dirige contre elle et que les efforts de prévention ne peuvent que contribuer à la répandre.

Cette billevesée continue de trouver des partisans et l'on éprouve quelque gêne à lire chez un correspondant de l'*Economist* que la liberté avec laquelle les porte-parole officiels de l'Occident ont décrit la Syrie comme un Etat satellite est une des causes majeures du flirt syrien avec Moscou ; que « les Syriens peuvent être pardonnés de croire qu'ils n'agiront jamais bien aux yeux des Occidentaux et que leur meilleure chance d'être appréciés réside ailleurs. »[108]

Un jugement diamétralement opposé nous paraît bien davantage approcher le réel : quoi que fasse l'Occident, il sera toujours trouvé pendable par certains bourgeois syriens avides d'aventures totalitaires. Du reste, l'incohérence syrienne a largement fait ses preuves. Etat indépendant depuis douze ans, la Syrie a témoigné d'une absence

---

[108] *Economist,* 24 août 1957

vertigineuse d'unité nationale ; bien plus, son comportement fait mettre en doute non seulement sa maturité, mais jusqu'à son identité nationale. Avec ses frontières que ne délimitent ni les populations ni les zones naturelles, la Syrie n'était pas viable à sa création : elle l'est encore moins aujourd'hui. Si ses éléments disparates veulent trouver un sens et prétendre à former une nation, c'est une progressive fusion avec l'Irak qui l'apportera. Sinon tout ce qui reste de vivant, de musulman et d'arabe en Syrie se brisera dans la compagnie du pot de fer soviétique. L'ambition des plus actifs parmi les politiciens syriens se réduit à faire de leur territoire une colonie d'exploitation pour l'URSS dans le genre du Kazakhstan ou une base avancée du type de l'Albanie.

<u>Serraj est-il allé trop vite ?</u>

Dans son dernier numéro, l'*Observateur du Moyen-Orient* a fort bien décrit l'opération de camouflage qui a permis la mainmise soviétique sur le seul élément cohérent de la Syrie : l'armée. Selon cet hebdomadaire, l'opération a duré sept semaines. Elle commence le 4 juillet avec le départ pour Rome de Khaled el Azem, millionnaire et ministre communisant de la Défense. Son départ s'accompagne d'une explication officielle : vacances pour « raison de santé » et d'une rumeur habilement lancée : tentative pour se réconcilier avec le roi Séoud. Deux semaines après, El Azem parut inopinément à Moscou avec le chef d'état-major syrien, le général Nizameddine. Il s'agissait d'engager des conversations au sujet d'un accord militaire avec les autorités soviétiques. Pendant ce temps, le champ était libre à Damas, Nizameddine représentant l'opposition au colonel Serraj[109]. Mais le 3 août, il y eut une alerte : un agent de renseignements, le capitaine Abdallah Al Cheikh Attia, rapporta qu'il s'ourdissait un complot contre Serraj et sa clique ; il devait éclater le 20.

Khaled El Azem prévenu, les accords avec les Russes furent hâtivement proclamés le 6 août. Ce n'est qu'en arrivant à Rome que Nizameddine commença à comprendre ce qui se tramait : il se précipita à Damas pour trouver la place occupée par le colonel Afif Bizri (communiste) et celle de son adjoint par le colonel Amin el Noufouri, ancien cyrard (à titre étranger) récemment converti au communiste.

Nizameddine ne capitula pas du premier coup et l'issue demeura incertaine jusqu'au 20 août. Dans la nuit du 13, Serraj fait arrêter le commandant d'une unité blindée et quelques officiers anti-Serraj. On consigna ensuite Nizameddine dans ses quartiers, Kouatly sans sa résidence et l'on expulsa, le 14 août, trois fonctionnaires diplomatiques américains. Deux jours plus tard on annonça officiellement la démission du général Nizameddine et de son adjoint. Leurs successeurs n'étaient autres que les chefs de la junte communiste syrienne.

Cette nécessaire paraphrase terminée, il convient de dire la suite de l'affaire. La réaction américaine a peut-être

---

[109] Serraj signifie en arabe « faufiler », ce qui traduit assez bien, pour le colonel, son rôle de valet-tailleur de l'impérialisme soviétique.

surpris par sa vivacité. En effet, les Serraj et leur clique participent de la naïveté d'Abdel Nasser et s'étonnent de recevoir des coups en échange de ceux qu'ils ont portés. Des consignes de modération sont venues de Moscou : on relâche la garde de l'ambassade des Etats-Unis à Damas et le misérable Kouatly, rentré du Caire, dans son rôle rabâcheur de père noble de l'indépendance, abreuve de bonnes paroles les correspondants de presse. Les armes soviétiques, les instructeurs, et même les volontaires peuvent affluer en Syrie, il y aura toujours des gens pour se boucher les yeux à l'Ouest. Tel est du moins le vœu des communistes syriens et des autres.

<u>Vertu dormitive de la neutralité</u>

Au cours des années 50, un observateur étranger ami de l'Egypte pouvait considérer la neutralité effective comme la meilleure position politique de ce pays. La neutralité, à la manière suisse, convient en effet au caractère paisible du petit peuple égyptien. Il n'aurait pas été déshonnête pour ce peuple – oublié de l'histoire et presque « oublié de Dieu » - de recevoir à la fois les dons et les services des deux grands empires. Mais l'Egypte a eu le malheur de voir l'enthousiasme originel du mouvement des « officiers libres » se dégrader dans les projets de l'aventurier Nasser. Au lieu d'une neutralité effective, le régime du Bikbachi pratique une neutralité « positive ». Ce jargon n'est point de l'arabe, mais du soviétique et signifie le contraire de la neutralité : l'URSS choisie frénétiquement. Pendant deux ou trois jours, à la fin de la semaine dernière, on a fait errer l'opinion occidentale en laissant croire qu'Abdel Nasser pourrait être gêné par la satellisation ouverte de la Syrie. Il a cependant été impossible de cacher que, le 16 août, quand la crise s'est nouée, Choukry el Kouatly a reçu l'ambassadeur soviétique qui lui donne explications, conseils et encouragements. Le voyage d'Alexandrie, la cure rapide à l'hôpital d'Al Maassat, les retrouvailles avec le Bikbachi ont permis à ceux qui brûlent de réhabiliter Abdel Nasser de le peindre en ami virtuel de l'Occident. Il n'en est pourtant rien : El Kouatly est rentré à Damas et la presse cairote félicite la Syrie pour son heureuse satellisation.

Cependant, les Soviets ont tout intérêt à minimiser leur succès, à nier leur influence. L'*Economist* dit excellemment que « suivant toute vraisemblance, les russophiles vont éprouver leur politique et l'entourer d'une aura de modération en persuadant le président Kouatly de rentrer. » C'est déjà fait. La satellisation de la Syrie entreprise dans un tel style, il n'est pas mauvais non plus de retenir cette formule de *L'Observateur du Moyen-Orient* : « Ce n'est pas tellement une guerre qu'il convient de redouter, mais plutôt le noyautage progressif des pays du Moyen-Orient. » Il faut être dupe volontaire pour croire Khaled el Azem et ses contes de prêt soviétique à $2,^{1/2}0/0$. Si le Baath (parti socialistes de la Renaissance) et les Frères musulmans n'arrivent pas à secouer le joug, les voisins arabes ou musulmans de la Syrie en tireront les conséquence : boycott économique de la Syrie et choix d'une autre voie de passage pour les pipelines issues de Kirkouk, en Irak et de Dhahram, en Arabie séoudite. Dans cette perspective, il faut solennellement mettre en garde les négociateurs français qui rencontrent à Genève une délégation égyptienne contre l'insolente demande de réparations formulée par Abdel

Nasser. Il convient également de noter la coïncidence d'ouvertures de négociations avec l'Egypte et d'une campagne soviétique visant à détacher la France de ses alliés.

<u>La clef de voûte de l'Orient</u>

A sa naissance, le Pacte de Bagdad a eu beaucoup d'ennemis. Pendant ses premières années, la tâche systématique de la diplomatie française a consisté à le décrier, sinon à le contrecarrer. On avait ainsi la satisfaction de voir citée avec éloge ou sans commentaire l'attitude française, dans la presse d'Egypte ou de Syrie : puis, presque sans discontinuer, une campagne politique était menée contre nous avec beaucoup de violence. L'objet de cette campagne, c'était, suivant le mois, notre politique marocaine, tunisienne et libyenne. Quoi que l'on fasse, la Syrie et l'Egypte trouvaient que c'était mal fait. Devant tant d'irréalisme, de mauvais vouloir systématique, de haine creuse et sans objet, la tentation devient grande de donner aux Syriens ou aux Egyptiens quelque raison « positive » de rancune ou de grief.

S'il a été mal vu par l'Egypte, c'est tout d'abord parce qu'il l'engageait dans un des camps de la guerre froide ; c'est par-dessus tout parce qu'il a donné une importance politique primordiale à l'Irak. Et depuis des millénaires l'Egypte se méfie des maîtres de la Mésopotamie. De même, certains Syriens ont tenté de garder un Etat syrien distinct. Mais ils n'ont rien fait pour mériter l'indépendance qui se garde autrement que par des criailleries. Le Pacte de Bagdad a également été très mal pris par M. Nehru qui a jugé scandaleux de voir le Pakistan libéré de toute menace hindoue. Le Yémen non plus, où l'on assassine un Imam tous les sept ans et où le prince héritier est toujours impatient et turbulent, n'a pas vu le Pacte d'un bon œil. Le Pacte de Bagdad a enfin constitué la cible favorite de la propagande soviétique. En effet, il constitue un réseau d'alliances militaires qui barrent la route au communisme. On peut dire que le Pace de Bagdad est en progrès constant puisque la méfiance de la Jordanie et les réticences du Liban sont tombées depuis l'action personnelle du roi Séoud, réconcilié avec le sang hachémite en la personne des rois Fayçal et Hussein. Il compte encore pour membres la Turquie et l'Iran ; récemment, la Grande-Bretagne s'y est jointe, cependant que les Etats-Unis participaient à l'organisation militaire.

Si l'on songe que ce n'est pas – et de loin – le pays le plus pauvre ni le plus industrialisé du Moyen-Orient qui passe au communisme, on en conclut que le communisme ne s'introduit en Orient que dans un Etat faible. Le Pacte de Bagdad a jusqu'ici refoulé la poussée soviétique, qui recule à chaque fois qu'elle rencontre une réaction de force. D'ailleurs, l'Occident ne peut se déshonorer en livrant toute l'Asie Mineure à un effroyable destin. Une participation française renforcerait encore cette protection de l'Orient.

Tant pis pour la Syrie, qui en est au point décrit par Ibn Rochd dans *Façl el maqàl* : « Ils en viendront à ne pas croire qu'il y ait une santé qu'il faille conserver ni aucune maladie dont il faille se délivrer, bien loin de croire qu'il y ait des choses qui conservent la santé et délivrent de la maladie. »

--

Syrie

Insaisissable Syrie

15 avril 1963

Un seul Etat : la R.A.U., un seul drapeau : celui de la R.A.U.
une seule capitale : Le Caire, c'était la formule présentée
en caractère d'affiche par un quotidien cairote.

Cela se passait le mois dernier pendant que la radio
nassérienne lançait des appels au meurtre dans tout l'Orient
arabe et invitait très précisément à l'insurrection armée
contre leur gouvernement légitime les populations de
Jordanie et d'Arabie séoudite. A cette excitation permanente
répondaient des mouvements de rues dans les villes de la
Syrie du Nord et dans cette partie de la Palestine que l'on
peut appeler Cisjordanie : des foules hystériques de réfugiés
palestiniens manifestaient à Alep, à Naplouse, voire à Aman.
On sait que la Ligue arabe a tout fait pour empêcher que les
malheureux réfugiés soient intégrés dans les pays qui le
avaient accueillis. Elle est parvenue à ses fins avec la
complaisance de l'ONU. Cette masse a été maintenue dans la
misère en vue de servir de troupes de choc à ceux qui font la
manœuvre pour Nasser. On l'a vu et on le verra encore.

Aujourd'hui, la situation a changé. La Jordanie garde
son indépendance et gagne un certain répit. Israël a su, par la
fermeté de son Premier ministre, M. Ben Gourion, rappeler
le gouvernement Kennedy à plus de réalisme. De plus,
l'imbroglio syrien devient tout à fait inexplicable. Le seul
point qui présente quelque clarté, c'est que les « baathistes »

257

de Damas se méfient d'Abdel Nasser. C'est aussi que leur défiance, partagée par les baathistes de Bagdad, rend plus difficile au Moyen-Orient la fondation d'une dangereuse tenaille raciste et nassérienne.

<u>Les baathistes coriaces</u>

Il y a quelques semaines quand le gouvernement de Khaled El Azem s'effondra à cause de son manque de conviction et par la pression de la rue, Nasser s'était bien gardé de laisser les baathistes gouverner tout tranquillement. Le 31 mars, à Damas, les manifestants acclamaient ces formules : « Ni parti, ni opportunisme ! Nous voulons une unité immédiate. » C'est là que l'on trouve les exigences de Nasser : unité immédiate et discipline brutale en vue d'un objectif parfaitement vague et imprécis. Au moment où les délégués syriens et irakiens négociaient au Caire, la formation d'une seconde R.A.U., Nasser retirait de ses troubles un moyen de pression sur ses hôtes. Un journal à sa solde exprimait naïvement ses volontés : « maintenir, après le succès de l'opération (...) cette multiplicité des formations politiques dans leur état prérévolutionnaire apparaît aussi vain que préjudiciable. »

Mais les baathistes ne cherchent pas à disparaître de la scène après avoir tiré les marrons du feu pour Nasser. Au début d'avril, ils répliquaient aux mouvements de rue en installant un couvre-feu draconien de dix-huit heures par jour. Ils se gardaient en outre de contredire les slogans nassériens de la foule. Ils agissaient plutôt en limogeant ou en arrêtant les officiers pronassériens, ce qui revenait à briser l'ossature de la subversion.

Cette action a d'abord entraîné la démission des ministres nassériens de Damas, la formation d'un cabinet *baathiste* homogène, puis, samedi dernier, la démission de Salah Bittar remplacé par Sami Jouldi, qualifié de « pronassérien modéré », mais vilipendé par Radio Le Caire. Il n'y a plus de mystère dans la crise ministérielle irakienne, puisque le général Hassan el Bakr, baathiste de Bagdad, se succède à lui-même après avoir présenté sa démission au « maréchal » Aref.

<u>Nasser en échec</u>

Nous ne disposons d'aucune information certaine sur les intentions profondes du Baath. Bornons-nous seulement à remarquer qu'il ne semble pas rechercher le type de fédération qui serait le plus viable : celui de la Syrie et de l'Irak… Une telle formation exclurait l'Egypte et trouverait à la longue une assiette économique suffisante. Mais ce projet pour modeste et mesuré qu'il soit – si on le compare à la monstrueuse R.A.U. – rencontre lui aussi des difficultés : doit-on établir la capitale à Damas ou à Bagdad ? En outre, comme le faisait remarquer une personnalité damascène : « Nous autres Syriens, nous portons dans nos mœurs et dans notre culture l'empreinte française. Et nous trouvons nos voisins irakiens un peu lourds. »

Rentrant de sa tournée triomphale en Algérie occupée, Nasser a dû sentir que les populations algériennes, françaises en puissance, le trouvaient lourd. A s'en tenir à l'expression arabe d'Egypte, elles ont compris que « son ombre est lourde ». Les musulmans d'Algérie restent suffisamment orientaux pour noter les signes funestes de sa visite : les victimes de l'ouragan de Mascara, le naufrage de l'escorteur parti à la rencontre de son yacht[110], l'autre naufrage, le même jour, d'une felouque du Nil chargée de fellahs ; la mort de M. Khemisti ; et puis aussi les souvenirs des souffrances et des deuils qui se succèdent depuis neuf ans pour lesquels il a une part qui est « lourde » elle aussi.

Ce n'est pas tout encore. Au cours de sa visite, la déclaration du Président Kennedy – bien que très insuffisante – retarde le calendrier des crimes qu'il projette.

La sottise de certains diplomates américains, l'esprit timoré de certains ennemis arabes de Nasser laissent encore à ce dernier des possibilités de nuire. Cependant, la marge de chantage possible entre Moscou et Washington s'est singulièrement rétrécie depuis 1957.

Et il faut bien dire que les Syriens et leurs « baathistes » restent insaisissables comme du vif argent.

--

Tunisie
Des alliances ou la règle du jeu
9 janvier 1957

On a pu dire qu'un des premiers mérites de *l'Action Française* aura été d'accoucher de certaines idées, certaines

---

[110] Le « Mahroussa » du roi Farouk s'appelle aujourd'hui « Hourriyya » (liberté).

définitions. Cette œuvre acquiert un prix extrême quand on estime qu'il n'y a ni politique, ni philosophie, ni vie sociale imaginables sans une entente quant au sens des mots. Rendre à ces outils leur signification est une tâche confucéenne, comme François Léger l'a signalé avec piquant. Nous rechercherons ici ce qu'est une *alliance* ; nous essaierons également de déterminer les alliances profitables au pays et la manière dont il conviendrait de les mener.

Si l'on se bornait à étudier les différentes alliances de la République depuis Sedan, il ne serait pas extravagant d'obtenir une définition telle :
« L'alliance constitue un contrat passé entre la France et un ou plusieurs Etats : seules compte les clauses secrètes ; celles-ci stipulent que la France supporte tous les frais, qu'elle n'a droit à aucune garantie dans la recherche du but commun, et qu'elle n'a aucun avantage à attendre ou à demander dans le cas d'un triomphe commun. On lui laissera généralement la gloire, en spécifiant bien que c'est là une notion désuète qui ne correspond guère au stade actuel de l'humanité. » Sans tenir outre mesure aux termes mêmes de la formule, nous suggérerons, tout au contraire, qu'un alliance ne peut être autre chose qu'une entente à frais communs, en vue d'un intérêt commun ; et qu'elle suppose une discipline partagée.

Dans les années '45, nous avons eu une sorte de frénésie de l'alliance. Les placards du Quai d'Orsay ont foisonné d'accords, de protocoles et de pactes. Il y en eut pour tous les goûts, avec les Etats-Unis et avec l'Union Soviétique. Parmi celles qui demeurent aujourd'hui, nous examinerons deux types d'alliances ; pour l'ordre de l'infiniment grand (c'est la taille qui est qualifiée), nous parlerons de l'alliance américaine ; dans celui de l'infiniment petit, nous envisagerons l'alliance tunisienne. De cette confrontation, il faudra tirer quelques remarques. Dès maintenant toutefois, il apparaît clairement que le régime a si peu trouvé son style d'alliance que des Américains ont pu de bonne foi nous prendre pour des « mendiants ingrats ». A notre tour, nous appliquons l'épithète à M. Bourguiba.

Leadership et brinkmanship[111]

Le nationalisme français ne prétend pas nier l'importance des forces américaines, pas plus que, en principe, leur direction vers les valeurs de l'Occident. Cette double reconnaissance assigne assez naturellement le commandement occidental aux Etats-Unis. De ces prémisses exactes, les politiciens du régime ont tiré des conséquences désastreuses. Ils se sont vautrés à terre devant le dollar américain qui payait leurs mensonges flatteurs. Nous avons passé par les conditions les plus inouïes demandées par l'Amérique. Il n'y avait aucune impossibilité d'obtenir de meilleures conditions. Suivant les clauses démentielles, nous avons cédé des bases aux Américains pour les besoins du Pacte Atlantique. L'Espagne de Franco, pour des accords similaires, a su obtenir toutes sortes de garanties et d'égards. Comme le régime s'allie mal, il se sépare encore plus mal. Nos relations avec les Etats-Unis, étant mal définies, nous nous y sentons à l'étroit et de temps à autres, nous faisons

---

[111] M. Dulles a naguère donné la théorie du « brinkmanship » : aller jusqu'au bord de la guerre mondiale et s'arrêter à temps.

une petite cure d'insolence qui est sans lendemain, faute d'un ferme dessein, d'un règne, d'une continuité.

Le « bourguibisme »

Pour ceux qui en douteraient encore, on a plaisir à montrer que Bourguiba le mime n'a rien inventé, pas même le « bourguibisme ». C'est déjà dans Molière. L'Etat français plonge la tête dans le sac, les coups de bâton pleuvent et Scapin-Bourguiba tend la sébile. On ne saurait trop en vouloir à Bourguiba, qui, à son niveau, est presque un virtuose. Nous retrouverons notre sévérité à la jobardise de nos ministres. Il n'est pas trop tard pour dire à M. Bourguiba que « gouverner c'est choisir », et que si on n'est pas avec nous, on est contre nous. S'il est contre nous, il sera plus facile de lutter contre un franc ennemi que contre un ami hypocrite et fallacieux. S'il est avec nous, cela l'engagera. De toutes manières, il ne sera pas mauvais de lui rappeler des truismes historiques : que le Maghreb n'a jamais existé que par l'unification française ; qu'il faut choisir une fois pour toutes entre « la nation arabe » et la nation tunisienne. Et que s'il voit une Algérie-sœur parmi des terroristes, nous tenons des 10 millions de Français de toutes origines campés sur la terre d'Algérie comme la France même. Il ne messiérait point de prendre nos distances avec des alliés beaucoup plus grands ou beaucoup plus petits que nous. Après avoir rampé, un peu de hauteur guérirait bien des maux.

Notre but n'était pas d'épuiser ici un très vaste sujet mais de montrer la vertu magique d'une définition claire et approchant du réel. La réussite royale en France vient de quelques principes simples qui s'appliquaient avec quelque rigueur.

--

Tunisie
Bourguiba ou la panoplie du petit dictateur
9 octobre 1957

La République française a fait de M. Bourguiba un personnage. Nos journaux accueillent ses discours et commentent ses humeurs. On s'interroge sur ses « idées » et l'on rivalise de talent pour prévoir sa politique. Le temps arrive où il convient de voir que nous avons enflé sa réputation bien au-delà de la taille d'un homme très limité, de juger que sa force apparente n'a d'autre origine que la mollesse que nous avons montrée à son endroit, de proclamer au monde arabe que nous ne saurions prendre un Scapin pour un second Nizam ol Molk.

Cible de choix par ses travers, les caricaturistes l'ont représenté sous ses différents avatars. Toute la gamme lui convient depuis Scapin (quand on le flatte) jusqu'à Polichinelle (quand on se borne à l'exactitude). Sans autorité véritable en Tunisie, M. Bourguiba jouit d'une influence considérable dans une fraction du parti radical à Paris. Ses dons incontestables d'imitation lui ont joué parfois de mauvais tours : ainsi, l'air de Mussolini lui parut avant-guerre tellement impressionnant qu'il ne l'a plus quitté depuis les « belles » années du fascisme. Le *grand dictateur* de Chaplin ne doit pas en donner un portrait infidèle. Mais la presse du dictateur italien n'existe plus ; aussi pour paraître moins démodé à l'extérieur et auprès des intellectuels, M. Bourguiba a fait de son journal *L'Action* une réplique tunisienne de l'*Express* où l'on retrouve – en moins bien si l'on peut dire – les mêmes chroniques, les mêmes procédés. Seule la technique de chantage de l'*Express* de Tunis ne le cède en rien à celle de l'*Action* à Paris. Le mimétisme va jusqu'à l'allocution hebdomadaire. Et quand le gouvernement français où ses « frères » du Maroc ou du Caire lui portent des coups, M. Bourguiba sait prendre le ton de la noble victime que l'on a injustement blessée. Il a même appris de M. Mendès-France la meilleure façon de dire « qu'il n'a pas été compris. » Il rétrécit.

Nous ne nous serions pas attardé si longuement à parler ici même de ce politicien funeste et surfait si la Tunisie n'avait pas eu de frontière commune avec la France. Grâce aux bons soins de M. Bourguiba, il ne se passe pas de semaine sans que des soldats du contingent tombent ; l'aide passive et active qu'il prodigue aux rebelles et aux traîtres frappe les Français musulmans qui subissent des razzias, des enlèvements et jusqu'à des déplacements de population qui rappellent les années sinistres de l'hitlérisme triomphant. Ces enlèvements et ces meurtres sont, hélas, des choses très proches : après le « coup » de Ghardimaou effectué au milieu de septembre, quatre-vingt familles musulmanes de Bordj-M'raou sont conduites de force en Tunisie.[112] Aussitôt apprises ces nouvelles, les fabricants de faux de Tunis lancent leur version à eux. Il est temps de faire connaître à l'opinion mondiale que nul ne peut plus accorder le moindre crédit aux officines de M. Bourguiba. D'ailleurs, celui-ci a si bien senti ses torts, qu'il a pris aussitôt les devants. Il procède à l'expulsion des Français du Kef et prévient le consul de France qu'il doit déguerpir dans les plus brefs délais. En veine de provocation, M. Bourguiba ne s'arrête pas là. Il annonce avec fracas le rappel de « son » ambassadeur à Paris, en pleine crise ministérielle. M. Masmoudi s'apprête donc à faire ses bagages non sans deux

---

[112] Voir *Le Monde* 5 octobre 1957.

ou trois déclarations insolentes, mais très dignes d'un diplomate, quand, de Tunis où M. Bourguiba voit qu'il est allé trop loin, vient l'ordre de rester.

Cette dernière manœuvre, qui éclaire le vil opportunisme de l'individu, montre que c'est un partisan de la politique « du coup de pied de l'âne ». Mais elle ne doit pas faire oublier tout un passé récent où Bourguiba s'affirma tel qu'il était, marchandant n'importe quoi, homme de toutes les mesquineries, de toutes les trahisons qui le maintiendraient en place ;

Il est impossible de négocier avec les gens qui ne croient pas à la négociation ni de discuter avec des faquins qui, pour n'en avoir jamais eu, ignorent ce qu'est la bonne foi. Avec eux, il n'y a pas de milieu entre subir et frapper. Si le but du prochain ministère est d'empêcher l'entremise bourguibienne dans les assassinats aux confins algéro-tunisiens, si l'on veut libérer l'Algérie de la terreur et des convoitises mondiales qui pèsent sur elle, il ne serait pas inutile de se faire la main sur le Combattant suprême et de contraindre la Tunisie à céder.

En effet, il ne s'agit pas un instant de s'embarquer dans une reconquête de la Tunisie. La France ne nourrit aucune hostilité contre le peuple tunisien. Il faut et il suffit de pousser le Combattant suprême et d'assister à l'écroulement justicier. On ne saurait évidemment entreprendre une telle action qu'en en prévoyant les moindres incidences. Elle gagne à n'être conçue que comme une leçon ou, si l'on veut, une correction administrée à un tyranneau ridicule.

L'objectif atteint, nos troupes se retireraient et il n'y aurait plus qu'à attendre le négociateur que désignerait le peuple tunisien. A ce moment-là, le gouvernement français pourrait faire les largesses et les concessions qu'il plairait aux Tunisiens de demander. Nos relations avec l'ancienne Régence se définiraient beaucoup mieux.

Dans l'interrègne, M. Bourguiba prospère dans le chantage, la mendicité écumante, le recel et les plus basses complicités. C'est le plus voisin de tous nos ennemis et peut-être le plus effréné. Une de ses dernières prouesses a consisté à supprimer les tribunaux rabbiniques qui existaient en Tunisie depuis 1898. En attendant ses nouveaux méfaits – qui touchent tous les domaines de la vie sociale – on se défend mal d'une certaine anxiété.

Pour l'heure, contentons-nous de rappeler un passage de Rabelais où le marchand Dindenault exaspère l'excellent Panurge en multipliant les provocations, les sarcasmes, les mensonges et en étalant un sans-gêne de mauvais aloi. A chaque nouvelle ineptie, Panurge répond : « Voire » ou « Patience » jusqu'au moment où sa malice lui permet de frapper Dindenault dans ce qui compte pour lui : l'esprit de lucre. Les temps arrivent où la France dans une position analogue devra prendre une juste revanche aux dépens de l'enflure et de la vanité du plus mesquin de ses ennemis, ce personnage ridiculement petit qui a ramené et réduit les problèmes tunisiens et l'avenir du monde arabe à l'exaltation de son personnage exigu.

--

Turquie
Portée géopolitique des accords d'Angora
(20 octobre 1922)

novembre 2001

A la fin des guerres achevées dans la fureur et dans le sang, on oublie vite quelles circonstances les ont déclenchées. L'étude des faits montre parfois avec évidence qu'elles auraient pu ne pas avoir lieu. Il n'est pas inutile de souligner que la Guerre d'Orient, partie de la Grande Guerre (1914-1918) appartient à cette catégorie des conflits qui n'avaient rien d'inéluctable.

<u>Une guerre évitable</u>

Bien que meurtri par la perte de la Tripolitaine annexée par l'Italie, bien que séduit par les promesses de Guillaume II qui prétend relever le glaive de l'Islam, l'Empire Ottoman, en août 1914, n'a pas la volonté et ne se sent pas en mesure d'entrer dans le conflit. D'autre part, l'Agha Khan, chef des Ismaéliens et ami de l'Angleterre, intervient auprès du Sultan en faveur de la neutralité turque. Cependant, la victoire de Tannenberg remportée par Hindenburg sur les Russes le 30 août 1914, les pressions des « conseillers » militaires allemands à Constantinople vont décider de l'entrée en guerre de la Turquie en octobre 1914.

Pour ce qui est de la Grèce, sa position était ambiguë quand elle n'était pas franchement hostile. Il convient de se rappeler que le roi des Grecs, Constantin, était le beau-frère de Guillaume II qu'il admirait. EN août 1916, la France dut surveiller et désarmer la Grèce après le massacre par trahison des marins français au Zappeion d'Athènes. Moins d'un siècle après Navarin, c'était une curieuse façon de témoigner de sa reconnaissance. A cette époque, la France n'avait aucune dette morale ou politique à l'égard de cet Etat. Ce n'est qu'en juin 1917 que le ministre Vénizelos fit déclarer la guerre à l'Allemagne et à l'Autriche-Hongrie.

<u>Les péripéties</u>

Afin de limiter la pression allemande sur le front occidental, l'état-major allié voulut ouvrir un autre front en Orient. Winston Churchill, alors Premier Lord de l'Amirauté, décida une expédition conjointe avec les Français pour forcer le détroit des Dardanelles qui réunit la mer Egée à la mer de Marmara. Le 18 mars 1915, l'attaque navale a lieu. Une puissante escadre franco-britannique pénètre dans le détroit. A la fin de la journée, sur les dix cuirassés engagés, quatre ont coulé, deux sont hors de combat. Une deuxième tentative connaîtra l'échec elle aussi. L'expédition prend fin le 8 décembre 1915 et le bilan s'avère catastrophique : le détroit n'a pas été franchi et les Alliés comptent 250.000 morts, disparus, blessés et malades.[113]

Trois années plus tard, basées à Salonique, les armées commandées par Franchet d'Esperey seront victorieuses en Macédoine contre les Bulgares (18 septembre 1918).

Au Proche-Orient, les Anglais éveillent – quand ils ne les créent pas – le nationalisme arabe et le panarabisme. La famille hachémite, gardienne des lieux Saints de La Mecque, fournit à l'Angleterre des soldats qui harcèleront les forces turques. Les Turcs sont battus en Palestine le 30 septembre 1918. Les Anglais ont mené contre l'Empire Ottoman une véritable guerre totale. Non seulement cet Empire sera dépouillé de plusieurs possessions territoriales et de sa monarchie, il le sera aussi du pouvoir spirituel dévolu au Commandeur des Croyants. Dans l'avenir, ils n'auront pas toujours à se louer de la mise en route du nationalisme arabe. Dès les années 20, en affectant de protéger l'Islam, ils contribuent à rompre l'unité du sunnisme. Cette duplicité sera limitée par d'autres à la fin du XXème siècle.

<u>Le règlement</u>

---

[113] « Toute sa vie, W. Churchill a été hanté par le spectre des Dardanelles (...) cette tunique de Nessus lui a collé à la peau pendant des années... » in *Churchill*, de François Bédarida, ed. Fayard, 1999.

L'armistice de Moudros est signé avec la Turquie en octobre 1918. Il sera suivi de deux traités de portée et de contenu très différents, celui de Sèvres (11 août 1920) et celui de Lausanne (en 1924).

Le traité de Sèvres impose la dislocation et l'amputation de l'Empire Ottoman. En Asie Mineure, Palestine, Mésopotamie, Transjordanie sont placées sous mandats français et britannique. En Turquie d'Europe, la Thrace est cédée à la Grèce.

Il est facile de constater le caractère excessif des conditions dictées à l'Empire Ottoman qui aura pour résultat de provoquer l'éveil du nationalisme turc. Cette conséquence, jointe à la valeur militaire de Kemal Pacha[114] et d'Ismet Bey[115] va totalement transformer la donne diplomatique.

Une imprudence anglaise et le caractère présomptueux de Venizelos vont entraîner un désastre pour les Grecs. M. Lloyd George autorise Venizelos à occuper Smyrne le 5 mai 1919. On doit au général Weygand une relation de cet épisode.[116] « … Kemal Pacha quitta Constantinople pour l'Anatolie et refuse de se plier aux décisions des Alliés. Il confia à Ismet Bey, qui avait brillamment commandé un corps d'armée, les fonctions de chef d'état-major général et la préparation de l'armée turque à la lutte qu'il était décidé à soutenir pour redevenir le maître du territoire national. » Devant une telle situation, Lloyd George demande au maréchal Foch quel effort militaire il fallait fournir pour

---

[114] Kemal Pacha prend le nom de Kemal Ataturk qui lui est conféré par ses concitoyens et qui signifie « père des Turcs ».
[115] Ismet Bey se verra conférer le nom d'Ismet Inonu en raison de sa victoire sur les Grecs à Inonu.
[116] *Mémoires, t. 2 « Mirages et réalité »* aux éditions Flammarion, 1957.

épauler les Grecs. Selon le maréchal, il fallait quarante divisions.

Le général Weygand note la réponse de Lloyd George peu satisfait de cette évaluation : « Les forces grecques seront suffisantes ». Il n'en fut rien : « La victoire écrasante des Turcs chassa les armées grecques de l'Asie mineure où les Anglais les avaient bien inconsidérément introduites. »

En outre, le tournant diplomatique pris par la France, amorcé par le prestigieux général Gouraud en avril 1920, se poursuit par l'arrivée à Angora (future Ankara) du député Franklin Bouillon. Ce dernier est chargé de négocier avec la Grande Assemblée Nationale la fin des hostilités en Cilicie[117]. La France reconnaît de facto le régime d'Ankara. Elle défend l'indépendance des Turcs. De son côté, Ismet Bey vainqueur en janvier et mars sur la rivière Inonu impose aux Grecs l'armistice de Moudana en octobre 1922. Il affermit définitivement le pouvoir de Kémal Pacha : « La Conférence de Lausanne – écrit avec justesse le général Weygand – diffère essentiellement de celles qui établissent les traités concernant l'Allemagne, l'Autriche, la Bulgarie. A Lausanne, les Turcs discutèrent avec les Alliés sur un pied d'égalité. » Aux termes du traité de Lausanne, la Turquie recouvre l'Anatolie et la Thrace orientale. Ainsi la Turquie est réintégrée en Europe.

A la différence de ce qu'il faut bien nommer l'aveuglement britannique – qui eut pour origine un mixte étrange d'angélisme et de cynisme – la politique française restituait à la Turquie indépendance et dignité. L'octroi aux Turcs du Sandjak d'Alexandrette, survenu quelque temps plus tard, devait apporter l'équilibre à la sensible région des

---

[117] *Les Accords d'Angora, 20 octobre 1921,* par Abdil Bicer in *Les Chemins de la mémoire,* octobre 2001.

Dardanelles, favoriser la neutralité de la Turquie qui ne se joignit pas aux forces de l'Axe en 1940. Non seulement les intérêts français furent sauvegardés, mais aussi ceux de la civilisation.

--

Yémen

Le Yémen est notre voisin

14 novembre 1962

Les assassins manquent parfois de chance. Un informateur nassérien nous en donne un exemple récent en publiant les déclarations de l'officier yéménite rebelle, El Soukkari. Ce dernier était chargé du meurtre de l'Imam El Badr. Le malheur a voulu que sa mitraillette se fût enrayée au moment où il s'apprêtait à tirer sur le souverain yéménite. Il se pourrait aussi qu'il n'ait pas su utiliser l'arme, ce qui ne serait pas sans exemple dans l'armée de Nasser. De toute façon, l'Imam a pu rejoindre les forces loyalistes et obtenir l'appui de l'Arabie séoudite et de la Jordanie.

Malgré la prudence montrée pendant les premiers jours des troubles sur le rapport favorable d'Anouar el Sadate et du maréchal Hakim Amer dépêchés à Sanaa, le Bikbachi s'est engagé sans retour du côté des comploteurs républicains. Après la « sécession » de la Syrie l'an dernier, Nasser avait affirmé qu'il ne se maintenait pas à Damas pour éviter de faire couler le sang arabe. C'était noble, ou le paraissait. Aujourd'hui, ses Iliouchine n'ont pas hésité à bombarder deux villages séoudiens.

D'autre part, les villages de Chérifiyya et de Harad, dans le nord du Yémen, ont été détruits par les mêmes forces aériennes parce que la population reste fidèle à l'Imam.

L'opinion arabe s'indigne de voir le grand chef de l'arabisme participer à une guerre contre un groupe de peuples arabes. Elle estime qu'il vient d'entrer dans l'abjection. Les Français auraient tort de se désintéresser du lointain Yémen. Abdel Nasser et son affidé Sallal mettent en danger les Arabes et le monde libre. Leur ressemblance avec Bouvard et Pécuchet armés à la moderne et lâchés dans le désert ne peut rassurer. L'ignorance ne tient pas lieu de vertu.

--

Yémen
Droit révolutionnaire au Yémen
13 juillet 1966

On parle beaucoup du conflit israélo-arabe et il est bien naturel qu'il retienne l'attention par son importance morale et politique. On s'inquiète aussi de la guerre du Vietnam, de temps à autre. Mais l'on évoque bien moins la sale guerre égypto-arabe que Nasser poursuit à grands frais depuis bientôt cinq ans. M. Thant ne dit mot, la ligue des droits de l'homme est distraite, le Vatican ne répond pas. Jusqu'à l'ineffable gauche française qui se tait.

Pourtant l'hiver dernier, l'aviation nassérienne bombardait Najrane, en Arabie séoudite, violant ainsi le territoire d'un Etat non belligérant avec Le Caire. Il n'y eut pas de protestation des « vertueux » ; les victimes n'exercèrent pas leur légitime défense. Dans ce dernier cas seulement, les « vertueux » protestent, manifestent ainsi l'axiome fondamental du droit révolutionnaire ; tout est permis aux purs ; tout est interdit aux autres. Or, il se trouve que les Etats-Unis acceptent l'application de ce « droit » révolutionnaire. Ils sont donc condamnés à perdre en Orient tous les intérêts matériels et spirituels qu'ils prétendent eux-mêmes défendre. Si l'on se reporte au bombardement de Najrane, il est permis d'estimer que l'Arabie séoudite pouvait et devait riposter, en toute justice vraie, en se contentant d'atteindre une base militaire de l'Egypte soviétisée. Les Etats-Unis ne l'ont pas voulu : ils ont ainsi directement encouragé le blocus d'Akaba et l'extension de la guerre.

Le « droit » révolutionnaire va joyeusement de compagnie avec le « droit » raciste. Les terroristes, qui causent tant de soucis au gouverneur britannique d'Aden ne sont pas, comme on l'écrit, des nationalistes, mais des racistes. Le soi-disant f.l.o.s.y. se moque bien de libérer une part du Yémen, puisque son idéologie nassérienne lui interdit tout loyalisme envers la patrie yéménite. Mais le malheureux gouverneur souffre une gêne plus pénible que les attaques terroristes : en effet, Premier ministre et ministre des Affaires Etrangères ne figurent rien de plus que deux fantômes dans le cabinet du parti au pouvoir.

Sur ordre exprès du gouvernement travailliste, la politique suivie consiste en l'évanouissement progressif de l'influence anglaise aux environs de Bab el Mandeb. Même Périm, cette île providentielle qui verrouille le détroit et qui fut occupée en 1798 et en 1857 contre la France, va être abandonnée. A moins d'une mauvaise fortune sur les rives de Suez, les nasséro-soviétiques peuvent s'attendre à beaucoup de pétrole facile et à du sang.

Un peu d'imagination disposerait probablement de façon différente du sort politique de la région. Au lieu de tenter l'impossible, soit de faire des économies sur les dépenses militaires outre-mer et vouloir organiser la Fédération de l'Arabie du Sud, les Britanniques pourraient soit léguer à l'Arabie séoudite, soit la remettre selon la même procédure, aux Yéménites royalistes en attendant que ces derniers libèrent Sanaa et le nord de leur pays. Mais George Brown et Wilson ne sont ni Gladstone ni Disraëli. Ils le sont si peu qu'ils croient en la lucidité de Washington.

--